今、なぜ
ドラッカーと
渋沢なのか?

渋沢から経営思想を学んだドラッカー

札幌大学名誉教授
御手洗 昭治
Shoji Mitarai

ごま書房新社

はじめに

今、なぜドラッカーと渋沢なのか

「経営の神様」、「経営学の父」、「マネジメントの父」、「コンサルタントの神様」と称されたピーター・ドラッカー。

「日本資本主義の父」、「実業の父」、「近代日本の民間リーダー」、「日本初のサラリーマン社長」として知られる渋沢栄一。

二人とも多岐にわたるユニークな経歴の持ち主であった。また、人生や生き様、経営思想などにおいて二人は似通った点が多い。

ドラッカーは渋沢栄一の本質について、他の渋沢研究家や著者とは異なる視点から評価している。

ドラッカー曰《いわ》く、「経営の社会責任について論じた歴史的人物で、あの偉大な明治を築いた大人物《だいじんぶつ》と言えば、渋沢栄一である。彼の右に出る者はいない」また「世界で最初に経営の本質を見抜いた人物と言えば、渋沢栄一である」（Management）

二一世紀の令和の時代に入った現在、経済道徳や企業倫理が混乱し問われている。現代のビジネス経営者の中には、儲けさえすればよいという私利私欲主義で非人間的なタイプの人が増えたり、企業組織をめぐって如何わしい事件が周辺に発生していることである。

それゆえ、企業倫理について再度、見つめ直す必要がある。ドラッカーと渋沢が企業や組織に求めたものは、モラルや倫理覚に裏打ちされた人間主体の人材を育成することであった。

二人は、カネだけを重視する資本主義からヒトを育て、大切にする資本主義への転換を提言し続け、また広がる格差と社会の分断にも警告を発した。儲《もう》けや利益の追求を原動力とする資本主義、またはその土台となる自由な市場経済の仕組みが、機能しなくなってきている。

ドラッカーが提唱するイノベーションを起こす力が弱くなっている。大阪大学の安田洋祐准教授によれば、近年、富を蓄積する動きだけが強まっているという。同氏の意見では、蓄積された富は、最終的には消費や投資に回るべきところ、それがあてはまらなくなってきているようだ。

富裕層がどんどん財産を増やし、大企業が内部保留を蓄積しているのが現状のようだ。それでは、現実の問題として弱者にはお金が回りにくくなっている（「揺らぐ資本主義」読売新聞、二〇二〇年三月一日）

ドラッカーや渋沢が説くように、多くの人びとが格差の解消が必要だと考え、企業や社会全体でそれを目指す機運づくりを高めれば、取り組みは進む。

喫緊《きっきん》の課題は、人間主体の経営学の復活である。ドラッカーの場合には、人間主体の経営学を世界にひろめ、大きな変革の中で物事の本質を見抜き、洞察力と先見性を高め、人間の存在を見極める真摯なスタンスを持ったビジネスパーソンを含む人材を育成することにあった。そして、上記のような問題の解決には、ビジネスパーソン、経営者たち自身が社会のために気運造づくりを高める必要性と唱えアクションを起こす必要がある。

渋沢も同様な考えの持ち主であり、フットワークも軽くアクションを起こした人物である。今、ビジネスパーソンや経営者に求められているのは、二人が指摘する経営の原点に戻りアクションを起こすことで、何か突破口が見えてくる。「言葉よりアクション」という格言もある。

渋沢の場合には、一個人または組織や会社の利潤追求というビジネスパーソンはなく、また私情にとらわれることなく、国際的な視野から行動し、日本の近代化と日米関係の改善を推し進めたりし、民間の経済外交を押し進めたのである。

こうした活動を渋沢個人で行うのではなく、他の民間の人びとのみならず官の人びと共に、道徳観を備えた次世代の若き人材を国際舞台に送り込もうと試みた。渋沢はしかも、喩えると不言実行型、いわば「行動の人」(a man of action)であった。

つまり、渋沢こそが、ドラッカーが求めていた理想のビジネスパーソンと言える。

ドラッカーは、以下のことを常日頃から説いていた。グローバル化が進み国際間のヒト、モノ、金融や情報の移動が容易になった21世紀こそ、経済活動を担ってきた民間の若手ビジネスパーソンが、国内のみならず異文化ビジネスや民間の外交分野において、大きな役割を果たさなければならいこと。

しかも渋沢のように、真摯なスタンスと倫理観を持ったモラリストとして行動せよと主張し続けてきた。

一国主義では生き残れない現在のグローバル社会。そこで必要なのが、ドラッカーと渋沢が提唱したグローバル視野を培い世界の動きにも目を向け、「公益」を追求する経営センスを養うことである。

渋沢の後半の人生は、国際的視野にたって日本経済と企業の国際化に時間とエネルギーを費やしている。外国との異文化ビジネスや資本提携や資金投入の仲介をしたり、日本のビジネスや日本企業が海外で評価されるための国際世論形成と人的ネットワークを築いた。

ピーター・ドラッカーと渋沢栄一の生涯、特にそれを育んだ少年時代と、青年時代は、現代、大変化の「メガ・チェンジ時代」に直面している現代人にとって、一つのインデックスを提供し、かけがえのないバイブルになるであろう。

それは、グローバル時代の今日、最も求められているビジネスパーソンや若手リーダーのあるべき姿であり、私利私欲ではなく公益を追求した経営モデルである。そして今、世界的に問題となっている資本主義のあり方や市場主義についても、これを制御しコントロールし得るヒントや鍵があると思う。

コロナ危機によって、人びとや企業のあり方を根本から問い直すようになった。厳しい状況だが、本書で取り扱ったドラッカーと渋沢の辿った道やメッセージを読み解き、企業のモラルを一から見つめなおし、社会と世界の発展のためにも創業以来のイノベーションを行う覚悟と気概をもって経営に臨《のぞ》んでいただきたい。

キヤノングローバル戦略研究所の瀬口清之研究主幹は「モラルインフルエンサーと目指せ」(日経電子版、二〇二〇年七月二日)で、「日本独自の優れた価値観を自己認識し、世界に訴え、貢献すべきだ。優れた価値観とは国民各層に共有されているドラッカーと渋沢が強調する「モラル」を尊重し実践する意識の高さだ」と。

どこが優れているかを認識し、いかに貢献できるのかを探る時期が到来した。

ドラッカーの通訳を務めたことのある産業能率大教授の小林薫氏によれば、ドラッカーは、渋沢の業績や思想について精通していない日本の経営学者らがいると、平然と「渋沢栄一のことをもっと勉強しなさい」と忠告をしていたという。「論語読みの論語知らずにはなるな」という警告でもある。

彼は、青年時代、ドイツの大学に席は置いていたが、大学には通わずもっぱら図書館に通い自分が好きな本を読みあさった。大学の講義がつまらなかったからだ。ドラッカーは、シェイクスピアの書物からは文学的なセンスと人間の本質や心理に関して多大な影響を受けた（詳しくは、拙書『ドラッカーとシェイクスピア』（産能大出版、二〇一九年）を参照されたい）。

一方、ドラッカーは、政治思想に関しては、イギリスの政治家のエドマンド・バークの影響を受ける。特にバークのフランス革命を批判した『フランス革命の省察』の政党保守主義に興味を持った。

社会における人びとの位置づけについては、ドイツの社会学者であるフェルディナンド・テンニースの考え方を示した『ゲマインシャフトとゲゼルシャフト～コミュニティと社会～』に感化される。テンニースの、「人間には社会的な絆が必要で、絆がなければ弱肉強食の理不尽な社会になる。人は自分の存在感を得るためのコミュニティと、役割を担《にな》える社会が必要である」という考えに賛同する。

渋沢栄一は一八四〇（天保十一）年に生まれた。明治以前の日本には「進歩」という考え方、つまり概念（コンセプト）がなかった。が、進歩したい人物もいた、渋沢もその一人である。

人間は進歩したり発展したりするものだ、ということを前提としていなかったところに封建時代の宿命的な欠陥があり、渋沢にとっては、この士農工商や封建門閥《もんばつ》という制度に耐えがたい息苦しさがあった。

渋沢は、そういった日本の社会制度を打破するために、サン・シモン主義をベースとして、『論語と算盤』を軸に自らの経営思想（経世思想と呼ぶ人もいる）を打ち出した人物である。

ところで、ドラッカーが生まれたのは一九〇九年である。この年、渋沢栄一は六八歳であった。同年、渋沢はアメリカ太平洋沿岸の経営実業家一行を日本に招待し、日米協商（高平・ルート協定）を成立させた。まさに、グローバル経営活動の旗手《きしゅ》となった瞬間である。

渋沢は国家の繁栄を目指すために、アメリカと手を組み新たなビジネス・経済活動とミッションを掲げ挑戦する決意をする。彼が、日本経済の首脳の代表として最も重要視していたのが、日米関係と日米間の民間外交である。渋沢は四度、日本の国際社会における実業界発展とのヒントを得るために渡米している。

第四章で詳しく述べるが、渋沢は、他国との関係とは異なる視点で日米関係を「世界の中の日米関係」と位置づけ、友好促進と国際問題の平和的解決を目指した。それをモットーに日米関係を一つのモデルに見立てて、国際舞台の中において他国との異文化ビジネスの交流を促進させた。

渋沢は、青年時代の一年半におよぶヨーロッパ滞在と四度にわたる渡米で貴重な経験を得る。特に、偏見をもたずに、自由な立場に立って異文化社会を知ることの大切さを知った。その教訓をベースに、国際親善と世界平和の促進に自らの時間とエネルギーを惜しみなく費《つい》やした。

米国の三代目大統領で、民主主義の生みの親とも称されているトーマス・ジェファーソンは「商業活動を通して『平和』を培え！」という名言を残した。これは渋沢の異文化との民間外交を通した経済交流の最終目標と同じである。晩年の渋沢は、大日本平和協会の活動的な会員でもあったため、一九二六年と二七年に「ノーベル平和受賞」候補に推薦される。

一方ドラッカーが六八歳の時はどうであったろうか？　時は一九七六年である。ドラッカーは前の年に出版を終えたビジネス書で高齢化社会の到来を予告した『見えざる革命』を基に、ゼネラル・モーターズ（GM）のコンサルタントとして世界初の近代的金利制度の創設にかかわっていた。そして、アメリカにも「年金基金社会主義」が到来していることを世界に向けて唱え始めていた。世界でも新たなインベーションが起ころうとしていた。

多才な二人は、「神の見えざる手」によって国内の経営、経済、社会のみならず世界のビジネス、経済、国際社会にも影響を与える経営・商《あきない》・エンタープライス（事業）の分野において、神から在野《ざいや》の人びとのために活躍し貢献するように定められていたのかもしれない。

両者には注目すべき幾つかの共通点がある。例えば、特筆すべきことは、先ず二人とも「鋭い先見の明」があった。

「自由な産業社会の形成」、「人びとの自由と責任と道理」、「道徳と経済」、これらは一致するという「道経営学」などの原理にフォーカスを当て、自由な企業家を含むビジネスパーソンによる、新しい自由な社会の在り方と公益性について追求した。

加えて、二人は企業、社会のみならず、国家も動かした。また、二人は、働く人びとのための福祉的な政策にも取り組み、さらに、人びとのための自己開発論も考案した。世の中の変革期に、凡人には見えない根底にある非本質的なものを削ぎ落とし、見なければならない本質とは何か？　世の中の潮流に対しどう対応すればよいのか？変革をするために人びとは何をすべきか？　等にわれわれに目をむかせ問題の処理法などのヒントを提供してくれている。

ドラッカーが社会福祉の事業の重要性を説くとき、それは、彼自信の独自のビジョンと固い信念やフィロソフィーがベースになっている。一方、渋沢が長く社会福祉事業に従事するようになったのは、単なる偶然の成り行きからであり、最初からビジョンを持ち固い信念に燃えて始めたものではない。

慈善事業活動に関しても、ドラッカーの場合には、西欧のキリスト教の宗教的思想やフィロソフィーに基づいているが、渋沢の慈善事業活動は異文化で欧米社会の事業や慈善組織のありさまを実際に見聞したりした事が基盤となっている。

幕末の日本人使節団らが、欧米で見聞した社会事業や慈善活動の感想や印象については、一八六〇年に遣米視察団の一人として海外渡航をした福沢諭吉の記録に残っている。渋沢は、その半年後にフランスに行くことになるが、福沢諭吉の記録や書を読んでおらず、その存在すら知らなかった（渋沢栄一「福沢先生及び独立自尊論」『竜門雑誌』第五三号、一九一七年）。

つまり、渋沢は、それまで西欧についての知識を得ていなかったからこそ、欧米で異文化に触れ、体感した一つひとつの経験は渋沢にとって、その都度フレッシュな出来事であったに違いない。

はたまた、二人は「ヒューマン・ネットワーク」作りの達人でもあり、かつユーモアにも長けた「グレート・コミュニケーター」でもあった。国際社会に通用する指導者やビジネスパーソンにとっては、欠かせない要素である。

二人の個性を考えた場合、次のことが言える。渋沢が生きた幕末から明治維新は、日本の各地で古い垣根がとりはらわれ、人と人との対人コミュニケーションや交流が一挙に活発になった時代でもあった。こういった時代には渋沢のような外向タイプの人のほうが有利であり、渋沢は、そういった人事交流の潮流にうまく乗ることができた人物であった。

ドラッカーは第一次大戦やファシズムの時代、それに一九三七年の大恐慌の中、ドイツから移ったロンドンのマーチャント・バンカーを辞め、妻のドリスを伴ってアメリカに渡っり数多くの友人に恵まれ、六〇年以上のマネジメント以外の多くの分野の分筆活動を続けた。

弟子のジャック・ビーティも述べているが、「企業会社をつくった張本人」であるにもかかわらず、資本主義の行き過ぎを現実に痛烈に批判する。ドラッカーと交流のあった多くの人びと、それに彼からコンサルタントを受けた関係者達が「ドラッカーは人柄が温かく、内外の人を包み込む対人コミュニケーション・スタイルの持ち主である」と口を揃えて言う。

ドラッカーは、渋沢のように財界関係者との付き合いも多く人脈が広い。また、近代経済学の第一人者であったジョン・メイナード・ケインズや、経済学の巨人といわれたハーバード大学のジョン・ケネス・ガルブレイスとも交流があった。

人びとを組織するには、社交性が豊かな人物が必要だ。渋沢もドラッカーも、そういった役割を十二分発揮した。二人は、合理的で行動的であったが、遠大な空想的計画を考える理想家ではなかった。また二人は、実務能力に長けており現実家でもあった。外向性で思考型で生まれつきビジネスに向いていたと言える。

彼らは抽象的なものにあまり興味はなかった。具体的で、新しいものを追い求め、それを実現させたのである。

また、多くの人びとがドラッカーと渋沢に魅了されるのは次の点である。第一に、二人から人生を豊かに生きるための知恵のみならず、第二に、人材活用術の考え方、企業経営と組織づくりについて、第三に、ビジネスパーソンがビジネスの場におかれたときに直面する問題や課題に対しての解決策や、その他多くのヒントを与えてくれるからだ。

本書では、ドラッカーの経営思想やマネジメント論は、渋沢の経営思想とマネジメント論に多大な影響を受けているという意外性と新事実にフォーカスを当て探ってみた。

第2章では、ドラッカーと渋沢との間に共通する項目に着眼点を当て、それらを比較し、加えて二人が目指した「経営思想と倫理」それに「社会公益事業」や「文化活動と支援」などの活動と足跡をエピソードも混ぜながら探ってみた。

ここで強調したいことは、これまで、渋沢の経営思想と言えば、多くの書物では「儒教」や「論語と算盤」といった東洋思想が核になっていると論ぜられている。しかし、彼の思想のバックボーンとなっているのは、ドラッカーも指摘しているが、渋沢が欧州で体験し学んだヨーロッパの経営思想と経済・流通システムにあるということだ。

これまで通説であった儒教や論語だけではない。ヨーロッパへの外遊は実業の世界に対しても、渋沢に新たな思想と視野を開かせたと著者は考える。本書では渋沢の経営思想と企業のエンタープライズ論に影響を与えたヨーロッパ思想についても探ってみた。

ところで、二〇二〇年二月には、新型中国の武漢を震源地とする新型コロナウイルスが全世界に猛威を振るい、コロナの感染拡大は、特に世界経済の風景を一変させた。

今後は地球規模で、経済と企業活動を再び成長軌道に乗せるという大作業が待ち受ける。不況から抜け出す原動力は、企業が生き残りかけて生み出す革新的ビジョンとイノベーションである。今回の危機をきっかけに、新たなサービスやオンラインによる、ビジネスや教育、それに新産業も生まれつつある。

ドラッカーと渋沢が現代に在れば、経済の復興には、民間の創意工夫と責任を用いるべき広範囲な分野が残されているに違いないと思ったに違いない。なぜならば、危機を乗り超えれば、企業による新たなイノベーションが生まれるからである。

二人は共に、情熱家であった。現代のような流動的で大変動の時代にこそ、二人が持っていた総合力、洞察力、人間力を吸収し、日本や世界が直面している問題に応用し、生かしていかられねばならない。

二人の生涯、とりわけ、その青年時代は、今のメガ・チェンジ（大転換期）の時代に直面している我々にとって、かけがえのない生き字引となるであろう。それは現代のグローバル時代に求められている経営者、リーダー、またビジネスパーソンのあるべき姿であり、かつ私益より公益、「損して得（徳）取れ」の経営コンセプトを求めたビジネスパーソンのモデルでもある。

今こそ二人の企業経営論と企業家精神論を甦《よみがえ》らせ、二人に学び、ポスト・コロナ時代に向けての先見性や視座、それに創造性を求めてもらいたい。

２０２１年２月吉日

御手洗 昭治

第2章　ドラッカーと渋沢の共通項を探る

第5章 ドラッカーと渋沢はポスト・コロナ時代をどう予測するか

第1章

ドラッカーの意外性

～渋沢から経営思想を学んだドラッカー～

この章では、ドラッカーの意外性、特にドラッカーが学んだ「渋沢栄一論」から始める。特筆したい点は、意外にも、ドラッカーは明治維新以降の日本について研究をしていること。さらにドラッカーの経営思想やマネジメント論や総合的な人間主体論は、渋沢の経営思想に少なからず影響を受けているという仮説が立てられという点である。

日本の読者に、近代経営学の鑑《かがみ》である渋沢の持っている意味と功績を今一度、よく考えてみなさいと言い聞かされているような気がしてならない。

ところで、ドラッカーが日本に初来日したのは一九五九年である。来日目的は、渋沢栄一についての研究を含むフィールド・ワークではなく、箱根で開かれた日本事務能率協会（現・日本経営協会）主催のセミナーで、五〇〇人の経営者のために講演することであった。

ちなみに、そこで、三名のユニークな経営者と邂逅する。ソニーのMr. Japanと称された盛田昭夫元会長と立石電気（現オムロン）の立石 一真代表で、残りの一人が日本電気の小林 宏治博士であったという。

だが、ドラッカーは自叙伝において「実を言うと、日本訪問を喜んで引き受けたのは日本画を見たかったからだ」と述べている。（私の履歴書『日本画見たさに初来日』）

ドラッカーが今でも存命であるならば、渋沢栄一についてお聞きすることができるが、氏は既に他界されこの世には存在しない。

ただし、以下の文献の中においてドラッカーが、いかに渋沢栄一の経営思想にインパクトを受け影響されたかが分かる。そのため、ドラッカーの数々の経営思想やマネジメント論は、渋沢栄一の経営哲学と相通じるところが多々ある。

素朴な質問だが、ドラッカーはいつ頃から渋沢の経営思想に興味を抱くようになったのであろうか？

それは、ドラッカーが三〇歳はじめの頃である。彼が、フランクフルトからアメリカに移り住み、ニューヨークのサラ・ローレンス大学で非常勤講師として教え始めた頃に、日本に対する興味を持ち、渋沢の企業論、企業に必要な社会的責任や貢献などを含む経営思想にインパクトを受けたようだ。

特にドラッカーは、渋沢の経営思想の一つである「企業の社会における役割」と「企業の社会的責任」に大いなる影響を受けたようだ。ドラッカーは渋沢栄一を経営学の先駆者、つまりハービンジャーとして捉《とら》えている。

ドラッカーは、産業能率大の小林薫教授との対談の中で、自分に最も影響を与えた人物を三人挙げるとすると誰か？　という質問に対し次のように答えた

「私に最も影響を与えた人は、アメリカ人２人と日本人１人です。最初に出会ったのは日本人

の渋沢栄一です。私が日本に興味を持ち始めた三〇代のころです。すでに故人となっていましたが、この人こそ、社会における企業の位置と役割、そして社会的責任について最初に深く考えた人だと思います」(『ドラッカーとの対話』)、渋沢栄一の功績や思想を見直せということだ。

ドラッカーからみた渋沢像

「率直に言って、私の知る限りでは、経営の社会的責任について論じた歴史的人物の中で、あの偉大な明治を築いた偉大な人物の一人、渋沢栄一の右に出るものはいない。渋沢は世界の誰よりも早く、経営の本質といえば「責任」ということを見抜いていた人物である」

さらにドラッカーは、渋沢栄一の明治時代のプロフェッショナルな側面について、次のように指摘する。「日本の渋沢栄一が明治に描いたプロフェッショナルとしての経営陣という儒教的な理想像が、現実のものとなった。マネジメントの本質は、富でも地位でもなく、責任であるという渋沢の洞察が実現されたのである」(*Management*)

ドラッカーによれば、渋沢は「自分は何を以って貢献できるか」を考えた経営者であるとしている。では、いかにすれば、貢献できるのか。ドラッカーは貢献の内容について次の三つの要素が必要だと指摘する。

1　まわりと現状の譲許が求めているもの
2　自分の強みや価値観に根差したもの
3　そこから生まれる成果が自分の所属している組織に対してもつ意味は何か

ドラッカーは世界の中でも渋沢を高評価

ドラッカーは、世界において、マネジメントの発展に貢献した人物の中で、日本の渋沢が際立った貢献をしたことを次のように強調している。

「マネジメントの発展には、大組織の出現が必要であった。大組織は一八七〇年頃に、二つの地域で別々に生まれた。北アメリカでは大陸横断鉄道であり、ヨーロッパ大陸ではユニバーサルバンクであった」〈中略〉ドイツでは、ゲオルク・ジーメンス（一八三九〜一九〇一年）がドイツ銀行のマネジメントを引き受け、リーダー的な金融機関に育てあげた。ジーメンスは、トップマネジメントの構造を設計し、問題を明らかにした。大組織内におけるコミュニケーションと情報の問題点について、世界で最初に取り組んだのである。

また「日本においては、実業界へ転身した渋沢栄一（一八四〇〜一九三一年）が、一八七〇年代にかけて、企業と国益、企業と道徳について問題提起をした。それに加えて、マネジメント教育に力をそそいだ。プロフェッシャルとしてのマネジメントの必要性を世界で初めて理解したのが渋沢であった。明治時代の日本の経済的な飛躍の多くは、渋沢の経営哲学と行動力に基づくものである」と指摘する。

言い換えれば、渋沢はテクノクラートではなかったが、彼は立案者でもあると同時にフットワークが軽く、英語で言う、「マン・オブ・アクション」（a man of action）、すなわち実践実行型の人物であった。

ドラッカーも渋沢も思想家であると同時に実践行動家であった。だた、両者は晩年の八〇歳以後は、思想家として人びとの行動をか掻き立てさせる内容を伝授することができるユニークなコーチやアドバイサー的存在であった。

その数十年後の一九〇〇年頃には、マネジメントの主な考え方が出現した。その時も、それぞれの動きは相互にかみ合って車輪のごとくなされていた。（*Management*）

さらに、ドラッカーは著書The New Realities『新しい現実』（一九八九年）の中で、渋沢栄一の功績について近代企業の出現に関連させ紹介している。

「近代企業の出現は、世界の企業にとって大きな衝撃であり、ドイツの初期の多国籍企業の経営者で作家でもあるワルター・ラテーナウも、この新しい現象に対して不安を隠さなかったという。そして「日本においても、政治家でもあり、日本銀行の創設者で、日本最初の経営大学院（商業学校）の一つである一橋大学の創設者でもあった渋沢栄一が、同様な不安を抱いていた」（*The New Realities*）

「ハーバード大名誉教授のライファとライシャワーの渋沢像」

ハーバード経営大学院教授で交渉学の第一人者として知られているハワード・ライファも「ドラッカーは、自らが起業家でもあり日本の、例えば、J．P．モルガン、ロックフェラーにも幾分似通った要素をかね備えていた実業家、渋沢栄一の経営哲学に関心をもっている研究者の一人であった」と述べている。（ライファ教授とのインタビュー、一九九二年九月二九日、ハーバード経営大学院ライファ研究室）

同じく、ハーバード大学名誉教授で、ケネディ政権下では駐日大使を務めた歴史学者のエドウィン・ライシャワーも「渋沢は多彩な日本を代表する実業家であり、日本の近代化と民間企業や事業の発展のために多大なる貢献をし、日米関係はむろん、日米のビジネス交流分野でも数多くの功績を残した人物である。また、彼は欧米以外の、日中のみならず日台のビジネス交流にも力を入れ、中国の孫文台湾の蒋介石とも知り合いの仲であった。今流に言えば、偉大なる異文化ビジネスで、つまり大物実業家であった言える」

また、「経済活動や民間外交について大局的に見据えることができる才能の持ち主」と指摘する。（エドウィン・O・ライシャワーとのインタビュー・資料：ボストン郊外のベルモントにあるライシャワー邸にて。一九八九年八月二九日）

ちなみに、ライシャワーの夫人のハル・マツタカ・ライシャワーは明治の元勲・松方正義の孫娘であり、松方は渋沢とは親しい間柄であった。

「松方がイギリスのマンチェスターで二百台もの紡績機械を購入し日本に持ち帰ったことは有名な話です。それがきっかけとなり、渋沢は一八九三年に大阪紡績会社（現在の東洋紡績）を設立し相談役となります」

また、「私の母方の祖父でアメリカ通の絹商人の新井領良一郎と渋沢は同僚で、親しい間柄でもありました」。（ハル・マツカタ・ライシャワーとのインタビュー資料：ボストン郊外のベルモントにあるライシャワー邸にて。一九八九年八月二九日）

アメリカとの造船契約を結んでいたのは、川崎造船であった。川崎造船の社長社は、ハル夫人の伯父である松方幸四郎であり、元老松方正義の三男である。松方幸四郎は、パリに滞在した経験の持ち主であり、アメリカ留学も経験する。

「渋沢氏と伯父の幸四郎とは大変親しい間柄であり、そんな縁もあり、伯父の幸四郎は一九〇九年の渡米実業団に参加し、渋沢と共に民間外交を積極的に推し進めました」

ハル夫人によれば、幸四郎は、パリ滞在期間に欧州の美術に興味を持った。それがきっかけで、膨大な名画や彫刻を「松方コレクション」として残した。

ドラッカーはライシャワーの歴史観に影響を受けた

ドラッカーは、明治維新を含む日本事情に関しては、ハーバード大学の歴史学者エドウィン・ライシャワーの歴史観に影響を受けている。

ドラッカーは、日本人の知覚（パーセプション）の鋭い感覚について『日本成功の代償』の著書の中で、ライシャワーを例に取りあげ次の説明を加えている。

「元駐日大使で、日本の歴史と社会についての第一人者であるエドウィン・O・ライシャワーは、その著書『ザ・ジャパニーズ』（Edwin O. Reischauer, *The Japanese*, Cambridge, Mass: The Belknap Press, 1979）の中で、「日本は第一級の大きな、オリジナル思想を創り出したことはない」と述べている。これはとくに日本では鋭い批判として受け取られている。

しかし、ライシャワーの言わんとしているところは、「日本人の天才は思考ではなく知覚であるいうことである」〈中略〉「日本の最高の劇作家である近松門左衛門は、カメラやスクリーンをもたなかったが、彼の文楽や歌舞伎は高度に映画的である。つまり、歌、踊り、衣装、音楽、およびせりふである。登場人物は何を言うかより、どう見せるか（という知覚）の方が大切である」〈中略〉「日本の伝統の中の知覚は、日本の近代社会の成立、経済活動の発達の根底に大きく横たわっている」

ちなみに、ライシャワーの一番弟子でハーバード大学の歴史学者であるアルバート・クレイグ、それに日本文化勲章を受章したプリンストン大学のマリウス・ジャンセンもライシャワーに影響を受けた歴史学者であるが、二人の専門も明治維新である。

その明治維新についてドラッカーは、「（明治時代の）日本の最大の成功は、幕藩体制の安定的だが、流動性の少ない社会にいた人材を、実業家や官僚や学者に転用するという大きな課題を解決したことによる」と述べている。（渋沢栄一『渋沢百訓』（角川学芸出版、二〇一〇年）

「明治時代と日本」

一八七〇年当時の日本は、あらゆる面や分野において途上国であった。しかし、その日本が、きわめて短期間の間のうちに卓越したマネジメントを創りあげたのである。明治維新から数えて二五年後には、日本は先進国の仲間入りをした。

いくつかの指標、識字率は世界でも最高水準に達していた。現在の途上国がモデルとしているのは、一八世紀のイギリスでもなく、また一九世紀のドイツでもなく、明治の日本であることは明白なことである。（Management）

「企業の社会的責任は、マネジメントにとって第三の役割である」

第二次大戦になってようやく、企業そのものがなすべき貢献に重点がおかれた。

しかし、その時代よりはるか昔の時代のリーダー達の方が、企業の社会的責任について大きな関心を示していた。日本の明治時代の渋沢栄一であり、第一次世界大戦以前のドイツのベルター・ラーテナゥである。だが、渋沢もラーテナゥも最大の関心事は、企業活動の限界に関してであった。

昨今において社会的責任を議論する場合には、焦点は別なところに移行している。今では人種問題などの社会問題や自然環境の保全などの問題や課題に対し、企業がなしうる貢献の方に焦点が移ってきている。(Management)

明治という時代の特質

この時代の特質は、古い日本が持っていた潜在的能力をうまく引き出したことだが、それは渋沢栄一という人物の生き方に象徴されている。渋沢は、フランス語を学び、ヨーロッパに滞在し、フランスやドイツのシステムを研究した。そうしたヨーロッパのシステムを、すでに存在していた日本のシステムにうまく適合させた。実にユニークなことだし、そのようなことを成し遂げた国や国民はほかに存在していない。

また、渋沢のもう一つの大きな功績は、一身にして立案者と実行者を兼ねて、事業を推進したということだ。彼には、思想家である側面と行動家としての側面を結合するユニークな才能があった。なぜなら、ふつう、思想家というものは、行動するのが苦手で、行動家は思想家から考えを借りるものである。

渋沢は思想家としても行動家としても一流であった。ドラッカーは、「渋沢は稀《まれ》にみるユニークな存在である」とみなしている。（『ＮＨＫスペシャル明治一「変革を導いた人間力」』／ＮＨＫ出版、二〇〇五年）

ドラッカーの興味深いコメント

ドラッカーはThe Age of Discontinuity（『断絶の時代』）の中で、明治維新の時代に生きた渋沢栄一の功績を、福沢諭吉、それに岩崎弥太郎と比較し、次のような興味深いコメントを残している。

「明治維新は十九世紀において前例のない重大な出来事であった。また、歴史の分岐点でもあった。明治維新によって『世界の歴史』が始まったと言える。その前の時代では、ヨーロッパや中国、またはトルコの歴史しか存在しなかった」

例えば、「福沢は実務家であるとともに訓育家であった。渋沢は倫理家であり、岩崎は唯物主義者であり、かつ企業家であった」「私は（これら三人に見られる）勇気ある行動力、先見性、手腕、加えて、後世まで受け継がれる数々の偉業にシャッポを脱ぎ感嘆せざるをえない」

だが、「私自身としては、長期にわたって渋沢が好ましい人物と思ってきた」

つまり、ドラッカーの見解では、「渋沢はドラッカー自身の思想に近いヒューマニスッティックな倫理感や道徳心理を持っていること。さらに、企業家精神の大切さや企業の社会的責任等を説いていること」となる。

これに対し、福沢諭吉は、どちらかと言えば、合理主義で拝金主義的な考え、それに軍事力の強化をも提唱した帝国主義的な思想の持ち主であった。また、岩崎弥太郎ついて言えば、あまり社会事業や福祉や公共事業の重要性については、関心がなかったと想定できる。

岩崎弥太郎（一八三四〜八五）と渋沢栄一（一八四〇〜一九三一）の名は、国外では、一部の日本研究家が知るだけである。しかしながら彼等の業績は、ロスチャイルド、モルガン、クルップ、ロックフェラーを凌《しの》ぐと言ってもよい。

岩崎は、日本最大、世界最大級の企業団体、三菱をつくった。渋沢は、その九〇年の生涯において、六〇〇以上の会社をつくった。この二人が、当時の製造業の半数をつくった。彼ら二人ほど大きな存在をもつ国はほかにない。

岩崎と渋沢は、日本を単なる豊かな国ではなく、創造力のある強い日本をつくろうとした。

いずれも、経済発展の本質は、貧しい人たちを豊にすることではなく、貧しい人たちの生産性を高めることであることを知っていた。

そのためには、生産要素の生産性を高めなければならなかった。資金と人材の力を存分に発揮させなければならなかったことも理解していた。

ドラッカーによれば、二人は経済発展には、資本形成と人材開発の二本の柱が必要であることを認識していたという。

一点つけ加えたいことは、渋沢は岩崎や三井家とは趣を異にしていた。個人的利益のみを追求したとは考えられない行動を何度かとっている。

例えば、一八八七（明治四二）年にジアスターゼの生みの親である高峰譲吉が渋沢に進言し「東京人造医肥料会社」を創設した。しかし、高峰は会社創立数年後に、突然ニューヨークに渡米してしまう。会社の事業も不振で、さらに追い風のごとく火災が発生し、工業のほとんどが焼失してしまう。

共同出資者たちは事業を放棄しようと試みる中、渋沢は「私一人でも此の会社を引き受けて借金をしてでも必ず成し遂げる積もりである」と提言し事業を再建する。その結果、会社は順調に発展していった。（『渋沢栄一自叙伝』渋沢翁徳会、一九三七年）

山路愛山は「男（渋沢男爵）は、一身一家の富よりも、外の働きにて日本の歴史に一地歩を占めたる人なり」と評した。（『山愛山選集一巻』万里閣書房、一九二八年）

渋沢流儀の人材を重視するという考え方

この考えが三〇年後には史上類を見ない識字率と人的資源の形成をもたらしたのである。渋沢自身、五〇年にわたって給料無しの指南役として活動を続けた。多くの実業家や官僚たちの相談にのったり指導をしたりした。

経団連をつくり、教育の訓練にたずさわり、数々の講座やセミナー、それに討論会を組織した。岩崎弥太郎が企業群を残したのに対し、渋沢は一流大学を残した。（The Age od discontinuity）

ドラッカーの指摘

ドラッカーは、加えて、経済発展は経済だけの問題ではなく、社会と文化の問題であると指摘する。文化的、社会的制度や文化の価値感にベースをおいていると言う。

しかも日本が良い例として、「日本は一〇〇年前、庶民は武士にはなれず、武士は公家になれなかった。三〇〇年にわたる階級制度を、数年のまたたく間の期間に壊した。日本は、変動する上方移動が可能な社会になった」

「岩崎が武士の出身だったのに対し、渋沢は農家の出身だった。渋沢は若くして大蔵省の要職を与えられた。しかも彼は、企業家を目指すために、やがてその地位を捨てた。同時に日本は、忠誠の文化のうえに制度をつくった」

「政府省庁、大学、会社がいかに近代的、西欧的、かつ効率的であっても、家族の延長であり、藩の一種とみなされた。岩崎も渋沢もその思想には、忠誠に力点がおかれる儒教がベースになっている」（*The Age of Discontinuity*）

ドラッカーは説く。「渋沢は英語が苦手で常に通訳が必要であったが、パリ万博に参加後、一年半ほどヨーロッパンに滞在し、フランス語を少し学んだことから、フランスとドイツの社会文化システムを日本のシステムに適合させようとした試みた実学主義者でもある」（ibid）

「ドラッカーの見る戦後の日本の渋沢イズム経営」

さらに、ドラッカーは、渋沢栄一の影響を受けた戦後の日本のマネジメントについて次のように指摘する。

「日本は、西洋化したのか？　又は、それとは違って、ますます日本的たるべく西洋をモデルとして利用したのか否かについて、論ずるのが本書の目的ではない。日本のマネジメントは西洋化などされてはいないことは明らかなことである。

もちろん、日本は西洋型のマネジメントのコンセプトは受け入れ、手法なども大いに吸収した。しかもよく学習した。しかしである。日本はマネジメントのコンセプトと手法を、自らが日本的であり続けるために（渋沢栄一が試みたように）、工夫して使ったのである。

加えて日本は、それらのコンセプトの手法を自分たちの価値観を強化するために取り入れたのである。〈中略〉一口で言えば、第二次世界大戦後のマネジメントブームは、ヨーロッパと日本の復興に貢献することによって、マネジメントがアメリカ特有のものではないことを実証したのである。」（*Management*）

「渋沢の国益優先論について」

ドラッカーは、渋沢が岩崎弥太郎と違い、国益優先ルールを重視した点について、次のように述べている。

「（われわれは）先ず第一に『国益とは何か？』を問わねばならないというルールに表向きに

は従っているのである。〈中略〉日本の経営者たちは、（大半がそうだと言うのは言い過ぎであろうが、少なくとも経済界の指導者の大半は）、この一〇〇年間にわたって、国益優先というルールを守ってきたのである」

そして「このルールを最初に設定したのは、近代日本の経済的指導者の一人であり、十九世紀の企業家、銀行家、かつ経営の思想家であった渋沢栄一である」（Toward The Next Economics and others.）

渋沢流「話し合いの重要性」について

ドラッカーは組織における「話し合いの重要性」についても渋沢流の行動パターンが参考になると説いている。

「日本人の効率のよい第三の行動パターンと言えば、やはりまた一九世紀末の銀行家であり、企業家であり、また思想家でもあった渋沢栄一に由来している」

「渋沢の説いたことは、企業を含めて大きな集団の指導者は、他の大きな集団の考え方、行動のしかた、前提条件、期待、価値観について知っていなければならない。と同時に自分たちの考え方、行動のしかた、前提条件、期待、価値観などについて他のグループに知らせるようにし

(j) The third of the Japanese habits of effective behavior also originated with the banker-entrepreneur-business philosopher Eiichi Shibusawa, in a closing years of the nineteenth century: Leaders of major groups, including business, have a duty, so Shibusawa taught, to understand the views, behavior, assumptions, expectations, and values in turn known and understood. This is not "public relations" in the Western sense. It is rather, very "private" relations between individuals; relations made not by speeches, pronouncements, press releases, but by the continuous interaction of responsible men in policy-making positions. (p.171)

ibid, p. (j) 171

なければならないということであった」

「これは西欧社会に見られるパブリック・リレーションではない。むしろ、非常に私的な関係である。つまり、個としての人間の関係であり、それは、スピーチ、公表、プレスリリースなどの手段によってではなく、政策決定の立場にいる人たち、また責任ある人たちの間で、常日頃の付き合いで育まれた人間関係がベースになっている」（ibid）

ドラッカーの語る変革を導いた渋沢の人間像

次にドラッカーが、テレビ番組（『ＮＨＫスペシャル明治Ⅰ・変革を導いた人間力』の中で語った渋沢栄一の生き方について紹介したい。

「明治という時代の特色は、古い日本が持っていた潜在的な能力を、うまく引き出したことですが、それは渋沢栄一という人物の生き方に象徴的に表わされています」

「渋沢は、フランス語を学び、ヨーロッパに滞在し、フランスやドイツのシステムを研究しました。そして、そうしたヨーロッパのシステムを、既に存在していた日本のシステムに、うまく適応させたのです。それは実にユニークなことだし、そのようなことを成し遂げた国や人びとは、他には存在しません」


次に、「渋沢のもう一つの大きな功績は、一身にして立案者と実行者と兼ねて、事業を推進したということです。彼には、思想家である側面と行動家としての側面を結合するユニークな才能がありました。ふつう、思想家というものは、行動することが苦手で、行動家は思想家から考えを借りるものです」

しかし、「渋沢は思想家としても行動家としても一流でした。百年以上前に死んだ人がつくった組織がいまだに存在し、みごとに機能しているというのは、きわめて珍しいことです」

加えて、「渋沢は稀有の存在であり、たいへんユニークな人物です」

ドラッカーは、日本の社会、経営システムの原点は、渋沢栄一にあることを力説する。

第2章

ドラッカーと
渋沢の共通項を探る

（1）モーツァルトを超えるドラッカーと渋沢

ドラッカーは説く。

「人には驚くほど多様な能力が隠されている。ヒトは万屋《よろずや》であり、気が散る存在である。また、人びとの多様な力を生産的に使うためには、それらを一つの仕事に集中することが必要である。あらゆる能力を一つの成果に向けさせるためには集中力が必要である」

人びとの中には、同時に二つの仕事を手がけられる人物もいる。二つの仕事の成果をあげるには時間が必要である。だが、三つの仕事を同時に抱え、「三刀流」を使いこなし、卓越した成果をあげる人はいない。

しかしである。音楽好きのドラッカーによれば、モーツァルトはいくつかの作曲を同時進行で進めることができた人物であるという。しかも彼が作曲した音楽作品は、すべてが傑作で世界的にも有名である。例外と思ったほうが良い。

モーツァルトと対照的なのがバッハ、ヘンデル、それにドラッカーのお気に入りのヴェルディである。彼らも多くの曲を世に発表した。だが、常に一曲づつ作曲した。または、取り組んでいた曲を一時、脇に置くか、又はしまい込み、新曲に取り組んだ。

同時進行でいくつかの仕事をこなすマルチ型の多彩な作曲家モーツァルトと、「石橋を叩いて渡る」モノクロ型のバッハ、ヘンデルとヴェルディ。これら二つのタイプはあまりにも対照的である。

ドラッカーも渋沢も、二人の生涯関係した事業や仕事の数は（ドラッカーの場合、著書の生産数やコンサルタントの数も含むが）は、モーツァルトが同時に取り組んだ作曲の数より、はるかに超えている。

ドラッカーの場合、彼は将来の社会や経済の潮流を的確に予測するという余知力を持っていることで知られている。加えて、彼は多くの現代思想用語として知られている「イノベーション」、「民営化」、「マネジメント」、「起業家精神」、「知識社会」、「知的労働者」、「社会的責任」その他多くを同時進行のペースで生み出した。

また、目まぐるしく変化する時代を理解する「ポストモダン」、「断絶」、「乱気流」、「非営利」その他のコンセプトと用語を造った。

渋沢も同様に多彩で次々と同時進行的に事業を起こし、執行する才能を兼ね備えていた。渋沢の特徴やビジネス・センスについて、彼の没後に尾崎行雄が次のように報告している。

①頭が鋭い。②勇気があり度胸のわった人である。③親切に物を考えると同時に、勇断可決、果断決行、よく謀りよく断ずる、即ち善謀善断。④執着力が強い。⑤事業の執行力が非常にあっ

た。よくもあんなに沢山の仕事ができたかと思う」⑥親切心に富んでいる。(『伝記資料』別巻第八)

また、渋沢を「産業界のブルドーザー型起業家」と称する研究家もいる。

特に、③、④と⑤を参照すれば、渋沢が、生涯に五〇〇社以上の企業に関係し、六〇〇以上の社会事業や慈善団体をブルドーザーの如く創設し、関わった「近代日本の民間・実業界のリーダー」であったかが理解できる。

(2)レーダーで社会を見つめるマクロの眼

ドラッカーは、自分は未来について予測はやらないと提言している(小林薫、『ドラッカーとの対話』二〇〇一年)。だが同氏は千里眼とも言える予知能力があり、社会や世界の動向を読み解き、次の時代や社会の到来をいち早く知らせてくれる哲人であり、また予言者とも言える。

ドラッカーは、オートリアにいた頃、ナチズムとファシズムの危険性とその運命を、誰よりも早く見抜いた人物である。予測ではなく見抜いたのである。

その後、アメリカに移り住んだ後、ドラッカーの〝レーダー〟が最初に見抜いたのはアメリカで急激に起こりつつあった「産業文明社会」である。ドラッカーは誰よりも早く、そのことを感知した。その結果、ドラッカーのレーダーは、大企業の出現と動きに着目し、それらにくいいった。

そのために、ＧＭ（ゼネラル・モーターズ）、ＧＥ（セネラル・エレクトリック）、シアーズ・ローバックなど大企業のコンサルタントなり、それらエンタープライズ・企業の実体を体感する。その頃から、彼のレーダーは企業のマネジメントを模索し始め、独自のマネジメント論を構築し、包括的な経営論である『経営者の条件』、『マネジメント』『ビッグビジネスと国家目標』その他を発表する。

渋沢は感性の人でもある。独自のレーダーで欧州の産業構造や銀行や企業の組織とその仕組みを見抜き、日本社会で活用したり機能できる数多くの欧州の製鉄、鉄道、海運や金融システムなどの「物質文化」を土産として持ち帰り、日本で急速に起こりつつある近代化を推し進めるために、それらの物質文化を活用した。

渋沢は、明治から大正、昭和の時代にこうした近代社会の流れを大統合し、在野《ざいや》の経営者主体の日本式経営をみごとにまとめあげたのである。

（3）師匠との出会いと影響

ドラッカーも渋沢も、自分たちは良き師匠に出会って、自分らが成長したことを語っている。両氏は、幼少の物心ついた頃から良き師匠に遭遇し影響を受けている。師匠なる人たちの役立つアドバイスやヒントを基に、新たな人生を切り開き社会や組織、それに国をも改革した。

ドラッカーは、幼少の頃、エルザ先生とソフィー先生という二人の女性を得たことから、多大な影響を受け、その結果、大学教授となり、ドラッカーの経営理論と経営思想を築き世に貢献した。十九歳の頃には、新聞社の編集長から、定期的に検証と反省をする習慣化することを学んだ。二四歳の頃に就職した会社では、経営者たちから、新しい仕事を要求するものを考えることの大切さを学ぶ。

渋沢の「非公式」な師匠は、栄一が幼少の頃、初歩的な漢文と論語の読み方の手ほどきを受けた父である。豪農の長男として生まれた栄一は、父市郎右衛門から三字経の手ほどきを受け、一年余りの期間に孝経・小学・大学・中庸に進み、論語の初歩を学んだ。

その後は、従兄の尾高惇忠《じゅんちゅう》に師従し、論語を柱とした漢学の書物、ならびに日本外史に関する書物を学んだ。尾高は生徒の素質を引き出すのに長けていた。後で紹介するドラッカーのエルザ先生とソフィー先生と共通する点である。

また、尾高は読書は必ず机上で読んだり、学んだりするものではなく、道を歩いている時や、寝ていながらでも、また耕作の合間に読んだりこともできるという考えを栄一にも伝える。

土屋喬雄は著『渋沢栄一』の中で、栄一も、このような自由でのびのびした「自力主義教育」は、栄一の向学心を大いに刺激したと記している。

「攘夷《じょうい》」から「攘夷尊王《じょういそんのう》」へ、そして欧州へ

ただ、尾高は「水戸学」の専門家であったため「尊王攘夷論《そんのうじょうい》」を通し栄一に幕府批判意識を植えつけさせる。栄一は尾高が攘夷を語った『交易論』を描写したり、兄弟たちと国を憂《うれ》う議論をするようになる。

幕末、ペリーの黒船が来航し日本の開国が始まった。この時、将来の日本を憂いた吉田松陰や高杉晋作らの青年に圧倒的に愛読されたのが、会沢正志斎の『新論』である。これは当時の国際危機管理の書であった。

栄一は、会沢の思想にも影響される。栄一は同志たちとともに「攘夷計画」を実行しようとするが、尾高の弟の長七郎が「攘夷計画」を中止させる。父から家を離れる許可を得た渋沢であったが、幕府側の反体制派のブラックリストの中に名前が明記されていた。

だが、幸運なことに、栄一兄弟は、幕府の一橋慶喜に帯同し京都御所警護に任ぜられていた知り合いの平岡円四郎と再会する。その平岡が「一橋家につかえるなら安全を保障する」と積極的に士官の職を薦めたという。

渋沢と従兄《いとこ》喜作は葛藤の末、一八六四年二月に一橋家に士官入りする。渋沢は一橋家では、「勘定組頭」、「御使番役」と出世するが、慶喜が徳川家の十五代目の座についたため意に反して幕臣となった。渋沢は慶喜の決断に失望し、勘定方からも外され格下げとなる。

渋沢は、これからはどん底の人生を送るのではないかという不安の境地に立たされる。しかし、人生まさかのことも起きる。ある日突然、しかも慶喜からフランスのパリへ留学する徳川昭武一行に加わる誘いを受ける。これは、まさしく「災い転じて福となる」の一例と言えよう。

一橋家での五年間は渋沢にとってマイナス面だけではなく、当時の幕末の政治や経済の実情や情勢を理解し、明治維新で活躍した西郷隆盛や木戸孝允（元は桂小五郎）などとも知り合いになれるというプラスとなる経験も得ることができた。

渋沢は、一八六七年に慶喜の異母弟昭武一行と共にパリ万博覧会に派遣される。途中、中国の上海経由で向かった。渋沢は「論語」の故地である中国には三度訪問している。それゆえ、米日中の経済発展の視点から日華実業協会の設立と関係改善にも尽力する。

中国との関係を構築するために、革命の父である孫文と交流を深めた。そして、特にアメリカとの協調と競争を通し日中の経済基盤を確立することを中心課題とする。

しかし、一九一二年には中華民国が誕生し、その後、孫文・袁世凱との対立、中国の第一次大戦時の「二一ヵ条要求」に対する反発などがあり、日中平和友好の推進には多くの困難があった。

しかし、渋沢は、日中両国の関係を担うであろう中国人留学生へ惜しみない支援を続けた。例えば、一九一九年には、学費が途絶していた中国人留学生六〇〇〇人のために、寄付金四万六〇〇〇円を集め、「日華学会」を創設し、顧問兼会長となった。


さて、二年間の滞欧期間中、渋沢は「御勘定格陸軍附調役」といって庶務と会計の雑務を担当していたが、その時に最も頼りにした師匠は、日本名誉総領事のフリュリ・エラールであった。エラールは、元パリの銀行家でもあり、さまざまな経済知識を渋沢に伝授した。

フランス滞在中、日本国内では幕府が崩壊したため、昭武一行のフランス滞在費の資金運用は渋沢に任されていた。エラールは、フランス流儀の会計上の処理や資金運用の仕方を渋沢に教えた。この実務を通し、渋沢は西欧の金融制度の仕組みやノウハウを体感し学んでゆく。

フランスのパリには数多くの銀行や会社があり、庶民のお金を集約し、大規模な営利事業を展開していた。そして、その利益が民衆を富まし、その結果、国家を豊かにしていることにヒントを得る。この経験が後の渋沢の「合本法《がっぽん》」と称して着手した「株式会社」の手本となるのである。

帰国後、渋沢は井上馨《かおる》や大隈重信の勧めで明治政府の大蔵省で勤務することになり、自らの念願であった日本初の銀行、「第一国立銀行」を創設する。創立のために渋沢は、行動を起こす。資本家三井組と小野組を説得し株主として、一般からの投資も募ることに成功する。

ちなみに、渋沢は、自分の主導権で、一八七六年の日朝修好条約締結後、日朝間の貿易が開始された二年後の六月に「第一銀行釜山支店」が開設させる。その後、一八八〇年に元山出張所、一八八二年には仁川出張所の業務展開を行う。

渋沢の肖像画の入った第一銀行券が発行される。ところが、一九〇九年に中央銀行として「韓国銀行」が設立され、翌年には第一銀行から事務が韓国銀行に移譲され、韓国における第一銀行の影響力が低下する。渋沢は両者の引き継ぎを遅滞なく遂行した。

ドラッカーの場合、彼に物事の計画と実行性の重要性を伝授した師匠は、ピーターが小学校三年生の時の二人の女性の恩師、ミス・エルザ先生である。ドラッカーはエルザ先生から学んだワーク・ブックの重要ポイントを、次のように解説している。

（１）毎月一冊、ノートを準備する。
（２）作文、習字、数学など学ぶべき一つ一つに関して、それぞれページを割り当て学ぶ。
（３）週の初めに、各項目について、具体的に取り組むことを明記する。
（４）週末に、具体的に、また実際に何をどのようにして行ったか、結果を振り返り明記する。
（５）次の週に行うべき事や目標を具体的に記述する。

ピーター少年は、毎週エルザ先生から目標設定と計画に関するアドバイスを受け課題に取りかかり、それを実行に移し、成果をあげる方法を見つけ出したことを回想している。

「エルザ先生は、週に一度、生徒に個別に会っていた。前の週の成果と、続く週の計画について話した。得意なものについて話し合った後に、不得意なことについて話し合った。他にも、分からないことや考えたことについて、いつでも会って話してくれた。彼女はいつも見守ってくれていた。困っている時には、いつも彼女の視線を感じ取ることができた」

「それに対し、ゾフィー先生は生徒の間を歩き回って、あちこちと座りこんだ。彼女は言葉を使わずに教えてくれた。生徒の動きを観て、その子の小さな手に自分の手を重ね、ノコギリや絵筆を正しぼく持つよう誘導してくれた。その後、だいぶ経過してから、私はゾフィー先生と同じ教え方をする一流の先生に出会った。私のいたベニントン大学で二年間だけ教えていたカール・クナーツである。二年もの間、教室でしゃべるのを聞いた者はいなかった」

「エルザ先生は、ソクラテスの教え方だったのに対し、ゾフィー先生の教え方は禅僧のような教え方だった」（*Drucker, Adventures of a Bystander*）

（4）父親が望んでいた職種以外の道を歩む

ドラッカーは医学の道に進むことをあきらめる

ドラッカーも渋沢も、青年時代の初めには、ある意味で父親に反発し、父親が望んでいた職種とは全く違う職種を目指した。

ピーター・ドラッカーの父アドロフは、ドラッカーに弟ともども医者になることを期待していた。しかし、ドラッカーは父の期待に反し作曲家になる夢を持っていた。だが、その道に進むことは現実には厳しいものがあることに気づく。

最初の職業は、ドイツのハンブルグにある貴金属を輸出するインド貿易会社の見習いであった。彼の人生におけるこの選択は、父親を落胆させ、また失望させた。

ドラッカーは父親を喜ばす手段として、ハンブルグ大学へ入学する。だが、彼は難題に直面する。ハンブルグ大学には、夜間部がないことが判明する。だが幸運にも、当時ハンブルグ大学では、学生達は講義には登録はするが、講義を受講せずに期末試験を受ければ単位が取得できたのである。

ハンブルグには一年半もいたが、「講義には一度も出席はしたことがなかった。ただ、夜になるとハンブルグ市立図書館に通って本を読んでいた」とドラッカーは回想している。(*Drucker, ibid Advenrues, & Elizberth Baker, Austria, 1918-1972 (Press, 1973)*

ドラッカーは、現実主義の社会科学者であったと言える。ハードとソフト、それにクールな論理と情熱、観察者としての客観的な目と現場重視の参加者としてのホットの透察力と未来に対する先見性に恵まれていた。これらのダイナアミックな人間像は、祖母から受け継いだものかもしれない。

ドラッカー自身「祖母は、現実主義者・実践家であった。ある面では鋭さを持ち合わせていた。頭は抜群に良かったわけではないが、自分にも分ったところがある。祖母は、教養や学術的なものはなかったが、ある考えがあった。普通の人とは違っていた。

だが、もしかして、全て祖母の方が正かったのかもしれない。

「もちろん、祖母には二〇世紀を評価することなどは、自分の年齢からして、とうてい思いもおよばなかったことであろう。だが、祖母は誰よりもいち早く二〇世紀の本質を理解していたのである」「人より書類の方が重要な時代においては、書類は手元に持っていた方が良い。事実、どんな書類を持っているかによって、為替ルートが違っていた。役人は、一人一人の国民のために役に立とうとしない限り、公僕ではなく支配者となる。鉄砲を持つべきではない理由とは、それは人に怪我をさせるからである」

「そして何より祖母が精通していたことは、コミュニティとは、金やサービス、それに薬の配給のためだけのものではないということであった。それは思いやりの世界であった」(*Drucker, Adventures of Bystander, Chapter 1*)

もし、ドラッカーが父親の期待どおりの医学の道へ進んでいたとしたら、今の社会や世界はどうなっていたのであろうか? おそらく経営や人間を主体としたマネジメントやイノベーションというコンセプトは、生まれなかったであろう。

また、世の中の変革も読みとれなかったであろう。ウイリアム・シェイクスピアではないが、人間主体の経営学も生まれなかったであろう。(拙著『ドラッカーとシェイクスピア』産能大出版)

ドラッカーの経営に対するアドバイスとして低流に流れていることとは、変化や改革への前向きの対応姿勢である。彼は、物事を変化の相のもとに読み取り、論じ、かつ行動することを提言していた。

イノベーションのファースト・ステップは、老朽化したものの創造的破壊から、技術とシステムの改革と新機軸を創造することであった。未来に向かって、ヒトは後ろ向きに歩いているように見えるが、すべての変化をピンチではなく、チャンスとしてとらえるべきだと説いた。そういった態度、心構えが未来を切り拓く原動力になるということだ。

①「成果をあげる者は仕事から始めない。時間からスタートする」
②「時間は管理する、不要なものは捨てる」
③「自由になった時間をまとめる」
④仕事を設計し、そのペースやリズム、動作を設定し実行に移す」

アルフレッド・ラッセル・ウォレスではないが、ドラッカーは「あらゆる動物の中で人間だけが意識して進化する。すなわち道具をつくる」の意味を熟知していた。

ところで、ドッラカーは、一九五九年に日本に初来日した時に、日本の経済発展と大国に向かう日本を予知した。一九六〇年代には日本の復興を予測し、その後に民営化、知識労働者、管理目標についても五〇年以上にわたって、他の経営思想家より一歩進み予測した。

その資源は人口動態と歴史に基づくと論じた。そして、日本に関しては、一九七二年にハーバード・ビジネス・リビューに『日本の経営から学ぶもの』と題した小論で発表した。しかし、当時、誰もドラッカーの日本経済大国論を信じたものはいなかった。

渋沢の父は栄一を農家の跡取りとして考えていた

日本では、一八五五年に締結された日米修好通商条約後、一八五九年に開港した横浜港には、外国からの毛織物や錦織物や武器などが持ち込まれた。輸出は生糸や茶、それに油などの生活必需品であった。

ただし、一部の民衆からは外国貿易への反感が高まっており、幕府に対する攘夷運動が起こる。激動する幕末では、渋沢家のある血洗島村でも同志が集まり天下国家を論じていた。尾高の実弟の長七郎は、栄一より二歳年上であり江戸で剣術家を目指していた。

栄一は、この長七郎が江戸から連れてきた憂国の志士たちから江戸幕府の動向、幕府や藩、それに異国や外国のいてき夷狄についての情報を得たり、議論をするのが楽しみであった。そして、一八六一（文久元）年に、従兄の喜作と江戸に出向くことを願い出た。

渋沢の父、市朗右衛門は、息子の栄一が、農家の跡取りとして地元に残るものと思い込んでいた。栄一の願いは、市朗右衛門にとって、まさしく「晴天の霹靂」であった。

しかし、栄一は妻を残し、江戸遊学を決意する（渋沢は一九歳の時に、一つ年下の千代と結婚し、息子の市太郎を授かる。だが、一太郎は、わずか六カ月で亡くなる）。

混乱状態の江戸で喜作と共に、剣の修業のために千葉道場に通ってはいたが、同時に城下の有能な志士と交遊を深めていた。市朗右衛門は、息子栄一の家業がおろそかになっていることを感じ、農民の身分をわきまえるよう説教している。

栄一の心の奥に燃えさかる尊王攘夷への一念は、誰も消すことができなかった。一八六三（文久三）年に栄一は、再度、父親に憂国の志士になる決意を伝えた。だが、父親は反対する。しかし、栄一の動かしがたい決意に、市朗右衛門はしかたなく要望を聞き入れ、次の苦言を言い残した。

「お前の十七、八歳の頃からの様子を見ていていると、以前の考えとは大きな違いがあるようだ。商売のコツを覚えて、家業もどんどん盛んになってきたので内心喜んでいたし、このまま家業を継がせ、早晩隠居しようと考えていた」

「だが、お前を無理やり儂《わし》の意見に従わせおうとすれば、かえって不幸にするかもしれない。それは親としても忍びがたいことだ。儂は子供を一人なくしたと思い、改めて家業に精を出すことにしよう。だが、決して無分別な考えを起こしてはいけない」

「また、人間の道を踏み誤ってはならないぞ！　分かったな。〈中略〉」身分上のことは不相応な望みを起こさない方がよろしい。身分を転ずるというのは、了見当違いである。どこまでも、制止せねばならない」（今井博昭『渋沢栄一』幻冬舎、二〇一〇年）。

そして、父の市朗右衛門に「願《ねが》い」を申し出て養子を定めるよう伝えた。しかし、市朗右衛門は、最後におれて「思いやりの心を備えた志士と言われるようにするんだ。お前がどのようになろうと儂は、満足だ」と言葉をにご濁した。

その時、二四歳の栄一は、喜作と共に江戸に旅立った。

父の最後の「お前がどのようになろうと儂は、満足だ」の一言が、栄一を農家の家業から解き放ち、実業の父に押し上げるファースト・ステップとなるのであった。

論語と渋沢栄一

渋沢は「論語」を経営と実業の手引きとしていた。言い換えれば「バイブル」である。

一八七三（明治六）年、渋沢は第一銀行の総監役となった時、「経済界で活躍するようになると同時に、何か一身の舵をとるのに必要なものをと考えたとき、渋沢は『論語』のことを思い起こした」

それから「亡くなるまで『論語』を愛読し続けた」。渋沢の行動に大きな影響を与えたことの一つが、少年時代の読書にあった。（小林弥生『渋沢栄一と読書［渋沢資料館だより］青淵六〇六巻号、一九九九～〇九年）

幼い時から父より学問や論語に対する手ほどきを受けたが、七歳の時に従兄弟の尾高惇忠《あつただ》から正式に「論語」を学んだ。また外史や日本史も学んだ。

渋沢は、日本を民間経済外交のリーダーとして、欧米諸国に追いつき近代化するために企業を興して軌道に乗せることを自らのミッションと考えた。自分の財産づくりのために経営に関わり個人的な利益を得ることを嫌った。この思想も、ドラッカーの「組織は社会」の思想に相通じるものがある。

また、自ら興した企業の役職を長く務めたが、株式を保有したり、支配することも嫌った。

渋沢は説く。

「商業家として、一家の富を計るのは覇道であって、小売公益を勉むるのは王道である。いやしくも、商業家の人格を唱えるならば、むしろ王道によるがよろしい」、渋沢は金ではなく、この王道によって営業して来たのである。

また、「個人の利益とともに、国家社会にも利益をもたらせる事業であるかないかが重要で、自分の利益ばかりを打算的に考え、社会への公益を省みないものに憤慨した。このような事業や道理を外れた胡散臭《うさんくさ》い事業は、一時的に繁栄しても、ついには社会の共感を得られぬ虚業というものである」と唱えた。

渋沢は時代を超えて国家繁栄の在り方を説い続けた人物である。

渋沢く「画師よく男（余当時男爵なりき）を知る。しかれどもこれ一を知って未だその二知らざるなり。何となれば云々、算盤と論語と一にして二ならず」

「富と貴とは是れ人の欲する所なり。その道を以てこれを得ざれば、去らざるなり（第五章、

『論語講義』里仁編、一九二五年）

ところで、ドラッカーも孔子の思想や論語にも興味を持っていたことを、ハーバード大学経営大学院のハワード・ライファ教授とのインタビューで伺ったことがある。（ハーバード経営大学院ハワード・ライファ研究室、一九九二年九月三〇日）。同大学院出版のドラッカー著の*Classic Drucker*の中でも孔子の思想を契約やマネジメント論と世界の事業に関連させて述べている。そこで、次にドラッカーが渋沢と同様に好んだとされる論語の名言を紹介したい。

（1）予《われ》は似《もっ》てこれを貫く。
思想は活かして保つべきで、すぐに定式化して死物となる。

（2）己《おのれ》を行うにあり。
真に立派な人は、自分の行うことに責任を持つ、覚悟のある人である。かつ、自分ひとりで物事を判断できる人物である。

（3）子曰《しいわ》く、我は生まれながらにして、これを知る者にず。古《いにしえ》を好み、敏《びん》にして似《もっ》てれを求む者なり。
古の先人や賢人の言葉の中にこそ、普遍的（ユニバーサル）な価値が見出せる。

（4）子曰《しいわ》く、朴訥《ぼくとつ》は、仁《じん》に近し

甘いことばや誘い、それに弁舌で人の気を引く人物には気をつけよ。口下手でも実行力がある人物のほうが信用できる。不言実行で人は判断される。

(5) 死生有命《しせいゆうめい》、在天《ざいてん》
行いが正しく報われないならば、その境遇を恥じるべきではない。

(6) 己《おのれ》のせざる所を人に施《ほどこ》す勿《なか》れ
富や地位を求めるより、第一に心がけるべきことは、正しい生き方である。
人として一生、守るべきこととは、自分がされたくないことは人にしないことである。

(7) 己《おのれ》にちて礼《れい》に復《かえ》る
人は一日一日、心を新たに立て直して、生きてゆかねばならない。

(8) 人にしてなくんば、その可《か》なることを知らざるなり
いつわりのない誠の心、思いやりと信頼がなければ、人間関係は成立しない。

(9) 我仁《われじん》をすれば、斯《ここ》に仁至《じんいた》る
知ることは、好むことにばず、好むことは楽しむに及ばない。楽しんでこそ、そのものと一体となる。

(10) 知る、とはどういうことか
知っていることと、知らないことを区別できるのが知恵である。

(11) 己《おのれ》をめて似《もっ》て敬《けい》す。

言動をつつしみ、目上には対しては、うやうやしくする。

(12) 温故知新《おんこちしん》

古きを訪ねて新しきを知れば、それは生きる力となる。例えば、先人たちの言葉や思想にも、新時代を切り開くための英知やヒントが隠されているので、それらを活用し新開発や新戦略などを構築してみることだ。

(13) 朋《とも》有《あ》り遠方より来《きた》る、亦楽《またたの》しからずや

友人がわざわざ遠いところから会いに来てることほど、楽しいことはない。

モラル経営論：道理にかなったビジネス&武士の論語と商人の算盤の融合

渋沢は、論語と算盤とのコンセプトの融合を試みた人物でもある。

孔子の思想の柱は、「仁《じん》」である。孟子に「仁になる者は、人なり」、論語では、目指すべき人間像を「君子」を表現する。渋沢は、利益至上の新自由主義の発想が企業の不祥事を招くことが分かっていた人物である。

渋沢く、「仁義道徳、正しい道理の富でなければ、其の富は完全に永続することができぬ。茲《ここ》におい於て論語と算盤《そろばん》という懸け離れものを一致せしめぬ事が、今日の緊要《きんよう》の務と自分は考えて居《い》るのである」

つまり、ジョイント・ベンチャーではないが、全く異なった道徳と経営（経済）の一体化、

言い換えれば「道徳経済合一説」を提唱する。企業が利益を追求することは当然でも、その活動の根底には道徳が不可欠であり、加えて人類の繁栄のために貢献せよという説である。（渋沢栄一『論語と算盤』角川学芸出版、二〇一五年）

渋沢は、「実業界が金力なりという風に傾く」という風潮を道徳的には批判した。が、財閥の行き過ぎた力を法律で制したり、対処しようとはしなかった。

（5）二人はアナログ型創設家

ドラッカーも渋沢も、現代の経営大学院の研究者から見ればアナログ型人物に見られている。科学的なデジタル型のタイプの人物と見なされていない。ドラッカーは生涯、タイプライターを愛用し原稿書きを行ったことでも有名である。

ドラッカーは、端的に言えば、経営分野において大局的に物ごとを観察しながらビッグ・アイディアを生み出せる一握りしか存在しないユニークな学者である。ギフテッド・チャイルド（恵まれた素質を持っている子供）ではなく、鋭い洞察力や創造力がわった思想家「ギフテッド・シンカー」または、学者でもあるため「ギフテッド・スカラー」と呼べる。

渋沢も同様な洞察力と大局的に物事を観、類推し、会社なら会社、新事業なら新事業などについてビッグ・イメージ化し、銀行や会社や産業などを興す才能の持ち主であった。

例えば、ドラッカーについて言えば、近年、欧米の経営大学院では、ドラッカーを教えない。その理由は、企業の目的は利益の最大化であったり、株主の価値の最大化であるからだ。

経営大学院のコースでは、ドラッカーのような実務家の知識、洞察力や経験に依存することが批判され、科学的なデータや統計の集計に基づく科学的に実証されたマネジメントや命題だけが科学的な経営学とみなされてきている。

だが、彼らには、ドラッカーが生んだビッグ・アイディアである「民営化」や「ＮＰＯ」などのコンセプトの構築やイメージ化はできない。経営大学院に進む学生達の多くは、企業家を目指すが、ビル・ゲイツやスティーブン・ジョブスは大学を中退し、経営大学院に行かずとも大実業家になったことを忘れがちである。

渋沢も経営大学院や正規の学校に通わずとも、実体験で培ったヒントや知恵を柱にビッグ・アイディア生み出すことができた。同様なことが、一六歳の時にアイルランドから移民の子としてアメリカに移り、少年時代に電報配達人や鉄道の仕事を身体で覚え、「世界の鉄鋼王」となったアンドリュー・カーネギーにも当てはまる。

カーネギーは、「鉄鋼王」の尊称を得たが、鉄鋼製造知識は全くなかった。渋沢も銀行のオペレーションに関しては、カーネギーと同様である。

カーネギーは、鉄鋼の製造知識の専門家を何百人、何千人も雇い、しかも彼らをうまく使う術はよく心得ていた。それが大富豪になった秘訣である。

渋沢もブレーンとなる部下やその道の専門家たちに恵まれた人物である。さもなければ、五百以上の事業を興すことはできなかったであろう。

(6)ドラッカーと渋沢の経営マネジメント思想

ドラッカーの政治思想が新経営マネジメント論を生む
ドラッカーは「マネジメントの父」とも称されているが、ドラッカー研究家のアラン・M・カントローは『ハーバード・ビジネス・レビュー』論文の中で「(マネジメントを理解するうえで)ドラッカーがもたらした真の功績は、その独自のアイディアではなく、むしろそうしたアイディアを生み出した精神活動にある。
歴史、哲学、道徳心理学、社会学、政治学、科学、文学、医学に事例を求め、パターンを探るという思考方法がモデルになっている」と指摘する。
創造物の神聖化を信じるドラッカー自身も「あえて科学と呼ぶならば、それは二〇〇〇年前に死語となった『道徳科学』であると主張する。詳しくは拙著の『ドラッカーがいま、ビジネスパーソンに伝えたいこと』（総合法令出版、二〇一九年）を参照されたい。

ドラッカーの思想は、若かりし頃、ナチス・ドイツの独裁政治に基づく全体主義的思想が二度とはびこらない自由な産業社会を築《きず》くことにあった。しかも、その自由な産業社会を創ることであった。

そのような社会を維持し発展させることが、自由な経営者を含むビジネスパーソンであると提唱した。「全体主義」の教えとは、世の中で唯一、存在価値があるのは全体だけであり、それ以外の個人は存在価値がないという思想である。

個人が価値を得るためには、全体の中のメンバーにならねばならないという教えである。全体の存在価値を高めるためには、個々の人びとは犠牲になるべきだという思想である。

渋沢は商人という用語を使用したが、ドラッカーの思想と共通するものがある。しかも、ビジネスパーソンは「真摯《しんし》」でなければならないと説いた。また、自由な産業社会を形成するには、政治家や官僚、また国家や政府、それにエリートではなく経営者、自律的なビジネスパーソンであると説いた。

創造的先見力のある見方である。ドラッカーは、企業の目的が、金儲けの功利主義を認めなかった。ドラッカーによれば、利潤、利益ばかり追及する経営者は、「全体主義者」の独裁的指導者のヒトラーのように動物的であり、人間としの尊厳がないということである。

企業経営者の目的は「顧客の創造」であり、ビジネスを通して新たな社会を形成する必要性を訴えたのである。

イノベーションとマーケティングに関しても、二人は似た考えを共有している。

創造的先見力を持ち商《しょう》を通して新らしい社会や未来を形成するということは、自由意志の実践でもあり変革、すなわちイノベーションすることである。

マーケティングとは、既存の顧客の好みや志向をチェックするのではなく、新たな顧客を創造するために行うべきだと説いている。喩えば、一昔前の新築の家では、和式トイレが主流であった。

しかし、今では新築される家では様式トイレを設置するが、シャワレー付トイレを試みた顧客は、普通の様式トイレではなく、値段も手ごろになったシャワレー付トイレを購入するようになった。ＴＯＴＯなどは新たな産業を自ら創造し、人びとのライフスタイルを変えたのである。

渋沢十七歳の時の屈辱事的事件と政治改革論

栄一が十七歳の時次のような屈辱的な経験をする。

ある日、栄一は代官に呼ばれ、お姫様の嫁入りや若殿様のお乗り出し、先祖のご御法会のために五百両を御用金として用意するよう申しつけられる。だが代官と言い争いを起こしてしまう。代官の態度が横柄で高飛車であったためだ。

このことは、渋沢栄一が封建社会における強烈な武士社会と徳川の幕府体制の矛盾を感じ取った瞬間であった。この事件は、栄一のその後の人生に大きな転機をもたらす結果となる。渋沢は語る。

「(父) 市郎右衛門が五百両、何其が何両という割合に、銘々に言いつけられることがあった。御用の趣を聞いてこいと父から言われているので、一応父に申しつけて、さらにお受けできるかどうかをお伝えに罷り出ます」と応じた。

が、代官は軽蔑した態度と言葉で、「貴様は何歳になるのか、十七歳にもなっているのなら、もう女郎でも買うであろう。シテ見れば、三百両や五百両は何でもないこと。殊《こと》にご用を達せば追々身柄もよくなり、世間に対しても名目になることだ。父に申しつけるなどと、そんなわからぬことはない。いったんかえってくるような曖昧なことは承知せぬ。万一、父が不承知だというなら、何とでもこちらから言い訳をするから、直ちに承知したと挨拶をしろ」と罵倒される。

父の代理で代官所に行った栄一は、この理不尽な申し立てには応じず、「幕府政治は間違っている」と語った。(土屋喬雄『渋沢栄一伝』)

この事件が人生におけるターニング・ポイントとなる。それ以来、栄一は幕藩政治と封建制度に疑問をもち、「官尊民卑」思想を打ち破る思いに至る。この屈辱的体験が基で、後の民主と平等の社会を目指す。後に紹介する思想、「合本主義《がっぽん》」を探求することになるのである。

渋沢は、その後も理不尽な上司に対しては、率直に憤慨する人物であった。それは彼の性格によるものと、彼の思想と信条によるものとあるようだ。

渋沢栄一の生き様は、生まれ育った境遇のベースが農家出身ということもあり、庶民（在野《ざいや》）の側に立って日常の人びとの生活や物事を解釈できる人物であった。

後に徳川慶喜公の知遇を得て、一橋家で鍛えられ、民部公子に随行した欧州体験によって異文化の視野に立って国内外の世界を知り成長する。明治・大正・昭和の日本の産業界と産業力を欧米並みにしたエンタープライズの人と言える。

泉三郎のように、渋沢を士藩の人と見る人物もいる。（『青年・渋沢栄一の「欧州体験」』、祥伝社、二〇一一年）しかし、渋沢は武士階級出身ではない。むしろ庶民の感覚を身につけた在野の人と喩えられる。渋沢は以下の三つの項目に類推できる。

一つには、在野の人、詩魂の人、志の人

二つめに、実業の人、商工界の人、社会経済の人

三つ目に、誠の人、論語の人、道義・仁義の人

渋沢にとっての商《あきない》の意義

渋沢は商について、以下の経営思想を終生持ち続けていた。

「余の見解を以てすれば、真の商業を営むは私利私慾でなく、即ち公利公益であると思う。或る事業を行って得た私の利益と謂うものは即ち公の利益にもなり、又公に利益になることを行えば、それが一家の私利にもなるということが、真の商業の本体である。

此の故に商業に対して私利公益など区別を立てて議論するは全くの間違ひで、利益に公私の別を立てて行う商売は、真の商業ではないと余は判断せねばならぬ」

「（結論として）余は再言する。商業は決して個々別々に立つものではない。其の職分は全く公共的のものである。故に此の考えを以てそれに従事しなければならなぬ。公益と私利とは一つである、公益はすなわち私利、私利能く公益を生ず、公益となるべき程の私利でなければ真の私利とは言えぬ。

而して商業の真意義は、実に此処に存するものであるから、商業に従事するものであるから、商業に従事する人は、宜《よろ》しく此の意義を誤解せず公益となるべき私利を営んで貰ひたい。これにて一身一家の繁栄を来すのみならず、同時に国家を富裕にし、社会を平和ならしむるに至る所以であろう」（「商業の意義」『青淵百話』二五、渋沢青淵記念財団竜門社編、一九六六〜七一頁、別巻六、一九一二年）

渋沢にとっての実業家と国益

次に渋沢は、実業家は国益（ドラッカーは社会）に従属すべきという持論を持っていた。例えば、私財の蓄積はその形成過程が国益のために役立ち、他人の利益獲得の機会を奪わない限りにおいてのみ問題であった。渋沢は、あらゆる国の福祉・繁栄は経済力の振興にかかっていると論じている。

しかも、経済の発展は商工業の強化によってのみ達成できる。したがって、各国は強力な道義的ベースを持つ必要がある。つまり、人間の進歩は経済と道義の組み合わせが必要であることを強調した。国の経済発展の必要性を強調する渋沢は、単に利潤の拡大化を追求する実業家ではなかった。

当時の若者の精神的・哲学的形成のバックボーンになっていたのが、儒教である。幼少の頃から『論語』を読んだ渋沢が、多くの同時代の人びとと異なっていた点は、この『論語』という英知の書から長きにわたり影響されていたことである。

彼にとっては、この伝統的なフィロソフィーが、経営・経済の近代化を推し進める上で役に立つ「秘密兵器」であった。渋沢が儒教に基づいて、実業家のためにつくった「規範《きはん》」は、「仁義道徳と金儲《かねもう》けの商売とが、根本において違背するように思われているが、けっしてそうではなく、『論語』を基礎として商売を営み、算盤をとって士道を説くこそ非常の功である」と説いている（『経営論語』）。

これは「武士道」にも類似する考えである。

つまり、日本の精神とは公共の福祉に対する「誠実」、「正義」、「責任」を含む。

渋沢「共同体精神」とは、実業家は私的利益を追求する前に、国の福祉を優先すべしという信念の持主であった。個人より、ドラッカー同様に「社会に貢献すべき」をモットーとした。

渋沢自身の口癖は「自分は祖国の召使《めしつか》いであり、その経済発展のプロモーター（促進者）であった。彼は「算盤」と「論語」を基に近代企業を創設しようとした人物である。

（7）二人の事業家スピリットの柱

渋沢の企業家スピリッツの根幹

渋沢の企業家スピリットは、家業の発展を肌で提わった幼少時代の体験が大きく影響している。渋沢の父親の市郎右衛門は、栄一を伴って商売の仕方を実践で教え込んだ。その父の商法を十四歳ごろから北陸地方や上州を歩き、染用の良質な葉を見極め、それらを買い占めたりして父親を感嘆させたエピソードがある。

また、藍《あい》を作成した人びとを招いては、品質の良し悪しに応じて、番付表をつくったりし、客の上下を決めて接待するという創意工夫が行える「知恵の人」でもあった。

このように少年時代から、商いに従事しながら経営の実学を体感していたから、ドラッカーのようにマネジメントとイノベーションを探求し、資本主義にも適応できたのである。

渋沢は、論語で得た知識を実際の行動に移すという「知行合一」を、少年時代から常に心がけ実践していたのである。

渋沢の成果は合本《がっぽん》主義

渋沢を語る際、忘れがちなのが「組織づくり」のコンセプトである。渋沢は、ハード面の「組織づくり」については、自らがフランスで学んだ社会哲学者サン・シモンが発案した投資銀行モデル、また思いをは馳せた実業家・金融家から学んだ株式会社をモデルに帰国後、以前に勤めていた静岡藩で実践に移し試みてみている。

そこでは、「商法会所」という日本初の株式会社を立ち上げ利益を得ることに成功する。「合本主義」が実践され証明されたのである。

ところで、渋沢が日本へ帰国後、スーパーマンのごとく、なぜ産業界に多岐にわたり計り知れない偉業を残し、教育事業や医療施設や病院、あるいは孤児院や福祉・公共事業に関わりスーパーマン的な活動を行えたのか？　を考える際、二つの秘訣があった。

これまでは、渋沢の事業成功を拡大させた秘訣は、堅ぐるしいイメージの「論語」や「商工業者道徳」などの東洋思想が柱となっていると思われてきた。

例えば、見城悌治は著書『渋沢栄一』の中で、渋沢が一九一七年に銀行経営と論語の関係について次のように語っていることを紹介している。

渋沢は語る。「論語は銀行家必読の書だと言い得るように自身は感じまして、第一銀行の行員にも論語を読みなさいと言うことを常に申したいのでございます」

銀行家と論語の相対関係について、詳しく語られていないため、渋沢は誤解されているのかもしれない。

また渋沢は、『論語講義』の中で「君子は義に喩り、小人は利に喩る。（第十六章）などの文言を好んだ。利益や富の蓄積は、「仁義道徳」や「道理」にしたがって行う必要がある。「仁義道徳」と「生産殖利」は両立できる。したがって「義利全面」、「道徳経済合一」でなければならないという点を強調してたのである。

そのため、一般には、渋沢の事業拡大のメイン要素が「論語と算盤」と受け止められていると言えよう。また、『論語』は、もともとは紀元前六世紀を生きた孔子が看取《かんしゅ》し、彼の弟達に伝えた人間関係のルール（仁義）、規範や倫理などについての哲学・思想書であり、バイブルのような宗教書ではない。

渋沢自身、自分のソフトパワーの思想は、一から一〇まで「論語」から引き上げることではなく、他の要素も含まれていると述べてはいた。だが、渋沢は明治以降、自己の思想は『論語と算盤』を経典のごとく、公的の場でも提唱していった。

話を戻そう。実際には、一つめの秘訣は西欧文明（社会哲学者サン・シモン）が生んだ「銀行」であり、他の一つが「合本主義」である。

言い換えれば、事業を立ち上げる際に必要な要素といえば、①計画・企画、②人材、③財源（お金）の三つである。それをエンタープライズ化してゆく仕組みが銀行組織であり、株式会社である。それらがあれば、その後の仕事は経営管理の専門家に任せておけば、次の事業に取り掛かることができる。

渋沢は、この二つの方法を巧みに活用し、多くの事業を現代の売れっ子プロデューサーのごとく次から次へと手掛けたのである。この方法は、渋沢自身が異文化のフランス滞在中に実際に自分が体験し学んだものがベースとなっている。

前述したとおり、渋沢はフランスの銀行家であり投資家でもあった、アドバイザーのフリュリ・エラールから投資をし、事業を展開し利益を上げるノウ・ハウの手ほどきを受ける。かつ、自らの資金を公債に投資し利益を上げるという方法を肌で学んだ。このハードな「銀行」活用法という要因が、ソフト面の「合体主義」にも影響を与えるようになる。

ただし、渋沢の合本主義と欧米の株式資本主義には、コンセプトにおいて大きな違いがあった。欧米型の株式資本主義では、会社とは株主の私有物である。しかし、渋沢の考えでは、会社は「公」のものでもあった。

渋沢栄一記念財団の資料では「公益を探求するという使命や目的を達成するのみ最も適した人材と資本を集め、事業を推進させるという考え方」である。(『合本主義』青淵研究プロジェクトについて［二］二〇一二年」)

この考えには、封建社会の身分制度を打破し、民衆の側のための仕事を行うという意味も含む「在野《ざいや》の精神」が根底にある。また、その考えには「道理も、経営・経済に適いかつ道理に不可欠なものである」という側面もある。

富や、それを生むための事業活動や仕事には道徳的な価値があり、それを認めることによって、ビジネスに従事する人びとに自信、使命感を与え、エネルギーを促すというドラッカーの思想にも共通するところがある。

加えて「合本体」は、民間（在野）の人びとが、「官」に頼らず展開できる社会福祉や教育、その他の組織にも当てはまるコンセプトでもある。在野の人びとが集まる合本の組織には、物事を決めるための判断材料やルールなどの掟、または仁義などが必要になってくる。

渋沢はその規範となるのが「道理」と説いている。「元来『道』とは則ち道路の意で、人間が必ず踏まねばならぬものであるから、これを直ちに道徳上に応用し来り、その形より推論して、人の心に行う所、守る所の正しき一切の事の上に此の文字を用ひて、人の心の行くべき径路を『道』と名付けたのである。」

また、『理』について、渋沢は「要するに『理』には『筋』という解釈が適当で、日常談話に用ひらるる『真理』など云う言葉より推すも、筋立てることの意に観て差支えないことと思う。而して此の『道』及び『理』の二文字を合して『道理』という言葉が成立したのであろう」

また、渋沢は「富と道理」について「正当の富貫功利名」の視点から「正当の道を踏んで得られる、ならば執鞭の士となってもよいから富を積め、併《しか》し乍《なが》ら不正当の手段を取る位なら寧《むし》ろ貧箋《びんせん》に居れといふので、矢張此の言葉の反面には『正しい方法』ということが潜んで居る…」と述べている。(「道理」青淵百話）五、渋沢青淵記念財団編、一九六六～七一年、別巻第六」

渋沢の合本主義の矛盾点

一般には、渋沢はアダム・スミスの書を読み合本主義からもヒントを得、合本主義を確立したという説も多い。アダム・スミスと言えば、自由放任主義（レセ・フェール）の提唱者としてのイメージが強い。

一言でいえば、個人が自分の利益だけを合理的に考えて振る舞うことが、最終的には、それが社会全体の合理的利益をもたらすことにつながるという考えである。スミスのこの思想は、多くの経済学者にも誤解され受けとられている。

スミスは、キリスト教思想の一つである「汝《なんじ》の欲するものを人に与えよ」の意味も分かっていた人物であった。したがって、スミスの経済思想については、新たな解釈がなされるかもしれない。アダム・スミスの経済思想の新解釈については、いつか改めて論陣を張ってみたいと思う。

渋沢を例に取ると、渋沢は経済を刺激し、最終的には国富へと至るには、スミスの言う「合理性」が必要であることを認めている。

渋沢は、投資、賭博性のある先物取引や株式取引所を積極的に容認したばかりか、自ら進んで企業の設立をかって出た。その思想のバックボーンになっているのは、渋沢がスミスの個人的「合理性」が社会全体の「合理性」の前提である経済学として容認していたからである。

しかし、渋沢自身に関していえば、彼自身は投機を好まなかったばかりか、最大の利潤追求のチャンスを自ら放棄した人物である。つまり、完全なる「非合理人間」である。つまり、スミス流に言えば、この非合理的な「私」は、合理的な「公」へと通じない。西田哲学ではないが、それが「渋沢の絶対矛盾」である。

だが、渋沢の説く「合本主義」のメインポイントは「一人だけの富では国は富まぬ。国家は強くはならぬ。殊に今日全体から商工業者の位置が卑しい、力が弱いと云うことを救いたいと覚悟するならば、どうしても全般に富むことを考えるより外はない。全般に富むと云う考は、是は合本法より外はない」である。


渋沢は、岩崎弥太郎のような資本家型実業家ではなく、出資型実業家であった。しかも『論語』を企業に関わる人びとの「共通指針」として、一般の道理の手段として自ら採用したのである。(『渋沢栄一「青淵先生訓語」』竜門雑誌、第二四九号、一九〇九年)

また、渋沢が活用したとも伝えられているスミスの理論は、合理的な「自由放任主義」ではなく、『道徳情操論』であった。このことが、一般に忘れられている。

『道徳情操論』は、渋沢が晩年六五歳の時に確立しようとした『道徳経済合一説』に実践倫理として影響を与えることになる。

アダム・スミスの『道徳情操論』について渋沢はラジオ放送で、

「第一自分の期念が、真正の国家の興隆を望むならば、国を富ますといふことを努めなければならぬ。国を富ますには科学を進歩させ、商工業の活動に依らねばならぬ。商工業に依るには如何にしても合本組織が必要である。而して合本組織を以て会社を経営するには、完全にして鞏固たる道理に依らねばならぬ」と語ったことが記録されている。(『「渋沢栄一「道徳経済合一説」』レコード記録、竜門雑誌、第五九〇付録、一九二三年)

渋沢は、「自由放任主義者」と誤ったレッテルを張られたアダム・スミスの経済学にも興味を示し、講演などの際にもスミスの言葉を例として引き合いにしているため、彼が伝えたかった「儲けや利益は仁義と道理・道徳に基づいていなければ、長続きしない」といった教えが誤解され、また矛盾すると受け止められる場合があった。

官民ハイブリッド型合本主義

渋沢が描いた「合本《がっぽん》主義」は、サン・シモンの経営思想や欧米のビジネスモデルを参考にしつつ、渋沢式日本型株式会社組織を創設することであった。ただし、公共性が色濃く反映されている公共パブリック型株式会社では「官尊民卑」に受け止められる。

そこで渋沢が思ついたのが、「市場型株式会社」モデルであり、官と民のハイブリッド化を推し進め「民間パブリック」にすることであった。渋沢は、民間パブリックを支える経営理念を重視した。

また、渋沢によれば、民間パブリックは近代教育を授かった人びとによって営まれることを強く願った。民間パブリックには様々な階層の人びとが集結できるよう、経営理念の説明には

「論語」を用いたのである。

渋沢は五〇〇以上の会社、銀行、組織を創設する一方、財界の相談役やビジネスパーソンの社会的貢献活動のパイオニアを努めたが、「合本主義」をスローガンに民間パブリック型の株式会社式の制度を普及させたのである。

渋沢は、自らも出費し数多くの会社を設立したが、富裕層である地主や商人と交渉をし、彼らの資金を株式会社に誘導し、さらに実践型の経営者としても育成したのである。

渋沢が自らの経験の中から生み出した手法がある。例えば、ビジネスに適合的は企業形態の選択や、市場における信用機能を重視した資金創出手法などである。また、財閥とも手を組み、企業の創設資金などは、財閥とそのグループの資金で賄う手法を使った。

両者は、ともに相反するグループに見えるが、業界の分野ではライバル同士であり、お互いの人的交流もあった。（橘川武郎・島田昌和・田中一弘編著『渋沢栄一と人づくり』有斐閣、二〇一三年&橘川武郎、パトリック・フリデン編『グローバル資本主義の中の渋沢栄一』東洋経済新報社、二〇一四年）

九三名の渋沢評価

渋沢の米寿を祝って刊行された記念刊行物『青淵回願録』に収められている九三名の渋沢評

価を読んでみると、ほとんどが国家と社会への貢献、人格の高さとフェアな精神がほとんどである。「お金もうけ」「金持ち」としての評価は見当たらない。

例えば、山路愛山は語る。「渋沢男は決して金持ちにあらず。また金持ちとして成功した人にもあらず。〈中略〉男（渋沢）は一身一家の富よりも、ほかの働きにて日本の歴史に一他歩を占めたる人なり。この男の男たる所似なり。それを人並みの金持ちの様に論ずるは男を解せざるものなり。」（山路愛山「『渋沢男と安田善次郎氏』山路愛山選集」青淵回顧録）

また、山路愛山の「ほかの働き」とは、渋沢が関わった六〇〇にも及ぶ「公共事業」のことである。同氏は指摘する。「渋沢男は、ほとんど四〇年間、合本主義の秦山北斗となりて、種々なる株式会社を助け…日本の物質的進歩に貢献したり。しかるに、ここに男（渋沢）とまったくそのき方を異にしたる他の実業家あり。〈中略〉。

すなわち、渋沢男が合資事業の利益を説き、他人の商売に加勢し、世間の景気を善くすることに骨折り、政府と町人の間に立ちて町人の利益と面目とを保護し、未来の町人となるべき人物を作る学校の設立に尽力し、世話を焼き、肝を煎りつつありし間に、さようなることには一向頓着せず、ただ一家のみ肥やすことをはかり、その術もまた巧みにして、ついに天下の大財主となりし者なり。安田（善次郎）氏ごときは、すなわちこの種の人なりと言わざるべからず」

山路によれば、渋沢は日本の産業育成の原動力となったが、安田善次郎は東京大学の建設費を寄付したものの、金欲主義者であり、自己の私財と富を成すこと終始専念した人物である。一九二一年に暗殺された後、東大「安田講堂」の名称が与えられた。

（8）二人の捉えた自由な産業社会の形成

ドラッカーは、マネジャーや経営者は、自己の目的を達成するために他人を単なる手段として使ってはならないと提唱した。また、マネジャーや経営者にとって必要な要素の一つが前述した「真摯《しんし》さ」であると主張する。（拙著『ドラッカーがいま、ビジネスパーソンに伝えたいこと』を一読されたい）

人間は動物のように他律的ではなく、自由意志がある自律的な行動をとる側面をかねそなえている。そのため、他人を手段やモノではなく目的として扱うことが大切だと説いている。自律的な行動をとるということは、同時に責任を伴う道徳的、倫理的な行動でもある。他律的な行動を取る企業は、「社会的責任論」を功利主義的な利益を上げるための手段として考えている場合がある。

ドラッカーや渋沢が説く「社会的責任」とは、企業は先ずもって、社会に対し自由で自律的な生産活動を行い、次に社会に対してビジネス活動や貢献を行うことの必要性を唱えているのである。
例えば、ドラッカーは、社会的存在としての人間を重視するため、倫理には厳しかった。『現代の経営』の中で、経営者たるものは、「高潔なintegrity（真摯さ、廉直さ）をもつべき」であることを指摘する。その他、「人間主義」を重視するそんげん尊厳（dignity）や社会的責任（social responsibility）、人生・生活面（quality of life）など人と質の重視を唱えている。

渋沢もドラッカーも、マネジメントのメインの目的は、利益を最大限にすることや、株価を最大限につり上げる合理的経営ではない。二人はあくまで、企業を新しく自由な産業社会を形成するための中心的な柱と捉えていた。

渋沢は自由な産業社会を形成するうえで必要な企業家スピリットは、論語の「忠恕《ちゅうじょ》の精神」にあるという。渋沢は「忠恕の精神」という思想も広めた人物である。

渋沢は力説する。「忠とは、真心から懇情《こんじょう》を尽くし、何事にも臨《のぞ》んでいい加減な態度をとらず、曲がらずまっすぐな心持ちをいう。『恕《じょ》』とは、平たくいえば『思いやり』のことで、相手の境遇や心理状態を考えてみることである」

渋沢は、知識や知略も重要だが、そのバックボーンとなる「忠恕の精神」がなければ、物事はうまく運ばず、人の心や社会を動かすことはできないと力説する。（渋沢栄一著・田井常彦監修『現代語訳　経営論語』ダイヤモンド社、二〇〇一年）

では、なぜ「合本」が必要か？　について渋沢は、例えば、個人一人一人が豊かになっても、国家全体が強くなるとは限らない。商工業者の地位が低く、それを是正するには、全体が豊かにならなければならない。

そのための手段として株式会社組織が必要だと渋沢は主張する。近代化に出遅れた日本に競争力をつけるには、国全体の「産業」を近代化させなければならない。それを行うには、これまで低い地位と見なされていた企業家、すなわち商工業者の地位を向上することが必要である。それを行うためには、合本（株式会社）という方法で取り組むべきだと提唱した。

株主は、国民会社組織は、一種の共同体のようなものである。また株は国民であるという発想を持っていた。経営にはマネジメントのような基準が必要で、それは「論語」に基づいた道理の正しいマネジメント経営が望ましいと表明している。

論語の理念は、企業や組織に関わる人たちの共通な指針として、つまり「道理」とし徳を経てマッチしたので採用した。

渋沢はアダム・スミスの「同情主義の倫理学」にも興味を示した。そして「利・義合一は東西両洋に適する不易の原理であると信じていた。

渋沢は説く。『道済説』を解くと、渋沢は次のように述べている。

「私は学問も浅く能力も乏しいから、其為《そのため》することも甚《はなは》だ微少であるが、唯仁義道徳と生産殖利とは、全く合体するものであるということを確信し、且事実に於いても之を証拠立て得られるように思うのでありますが、是は決して今日になって云うのではありませぬ」

「自分が、真正の国家の隆盛を望むならば、国を富ますということを努めなければならぬ。国を富ますには科学を進めて商工業の活動に依らねばならぬ。商工業に依るには如何にしても合本組織が必要である」。加えて合本組織を以て会社を経営するには、何をさしおいても道理に依らねばならないということである。

(9) 企業人の地位向上

次にドラッカーも渋沢も、経済・経営活動の旗手であるビジネスパーソンズの地位向上に、多くのエネルギーを費やした。また、ドラッカーの「マネジメント論」とは、端的に言えば、「資源や人材を活用し組織が成果をあげるもの」である。

ドラッカーは成果をあげる企業文化や組織に必要なエッセンスとは、次の五つの要素が鍵を握っているという。

①一人の優秀な人材や天才に頼らない。②成果を基準に評価する。③チャンスに目を向ける。④人事評価を明確にする。⑤真摯であること。(『道済説』)

ドラッカーは、渋沢の最大の功績は「幕藩体制の安定的だが流動性の少ない社会にいた人材を、実業家や官僚や学者に転用するという大きな課題を解決したこと」、すなわち、マネジメントしたことだと指摘する。（「明治Ⅰ『変革を導いた人間力』」日本放送協会、二〇〇五年）

渋沢は、一八六七年のパリ万博使節団としてフランスに滞在中にその必要性に気づいた。渋沢は説く「私の心を刺激したのは、商工業者の地位と官吏もしくは軍人との関係が日本とは全然相違して居ること。〈中略〉これは多いに学ばねばならぬ。これでなければ真に事業の進歩を為すことが出来ない」（木村昌人『渋沢栄一』中公新書、一九九一年）

渋沢は、欧州においては軍人も実業家を尊敬する光景と「平等主義」にカルチャーショックを覚える。

「もし人材がみな官界へ集まり、働きのない者ばかりが民業にたずさわるとしたら、どうして一国の健全な進歩が望めましょうか？　忌憚《きたん》なく言うと、官吏は、凡才《ぼんさい》の者でも務まるが、工業者は、才能のある者でなくては勤まりません。しかも、現在の商工業者には、そういう人が少ない」。加えて渋沢は、士農工商を打破しイノベーションを起こすことを提唱する。

「士農工商の階級思想に引きずられて、政府の役人たることは光栄に思うが商工業者たることには引き目を感じる。この誤った考え方を一掃することが急務です。つまり商工業界を社会の上層に位させ、徳義を具現するものは彼等なり、という域へ持っていかなければならないと信じます」

このように、これまでの封建時代のなごりを打ち消し、日本が欧米諸国と肩を並べるためには経済を発展させる必要性があること。そうするためには、官民の格差をなくし、多くの民間の経営者を含むビジネスパーソンの向上と輩出が重要課題であることを訴えた。

また、日本の経済発展には、異文化との経済交流、民間の文化交流を推し進め人材の育成も急務であることを熱く語っている。

⑽ 物ごとを決める勇気と情熱

ドラッカーは物事についてこう説く。「決める準備は整った。ここでは、何を行うべきか明らかである。決定はほぼ完了した。〈中略〉決定を延ばしすぎてはならない。数日、あえて言えば、せいぜい数週間までである」(『プロフェッショナルの条件』)

一方、日本の意思決定の特徴について、欧米人たちは、「根回し、かき回し、あと回し」が日本の流儀と半分ジョークで言うことがある。特に大きな組織では書類が回ってきて、それを読み捺印を押したりするため、時間がかかり過ぎる場合が多い。しかも意志の最終「決定」は、いつのまにか自然に成り行きにませたように決まってゆく。
また問題は、判断と意思決定を混同している人も存在する。意思決定を行うには、多くの判断材料が必要である。判断材料が整ったら、それらを吟味する。後は、勇気をもってその中からベストの項目を選ぶこと、「意思決定」をすることである。

ドラッカーは説く。
「決定には判断と同じくらいの勇気が必要であることである。薬は苦《にが》くなければならないという必然性はない。が、一般的には『良薬は苦い』。決定が苦くなければならないという必然性はない。だが、一般的に、成果をあげる決定は苦いものである。」（*Beaty, the World According to Drucker*）
渋沢の研究者で米国オハイオ州のトレド大学教授のウイリアム・フーバーによれば、「渋沢は、決まりきった経営の詳細には、ほどんど関心がなかった。自分を自ら産業のを打開する問題解決型意思決定者、近代工業化の戦略家であることを誇りにしていた」という。
役職は、取締役から顧問、有力株主といった名目上のつながりを全て含むと、渋沢は五〇〇社におよぶ多種多様な企業、団体組織と関係していた。ほとんど毎日といってよいほど、意思決定者として問題を解決しなければならなかった。

渋沢の実業界とのかかわり方と巧みな意思決定についてのエピソードがある。

日本の明治初期の綿紡績工場は、生産性も比較的低く、できあがった製品の質も粗悪であったため、輸入品とまともに競争する力はなかった。

そこで、渋沢は競争力のある綿製品を目指し、一八八二（明治十五）年に大阪紡績会社を設立する意思決定をする。そこでは、最新技術による蒸気動力操作の紡錘（スピンドル）を一万個以上もとりつけた工場を設置する。そこで渋沢は次の意志決定をする。

新しい紡錘に要する資金は、株式の売却を通し民間から集め、工場運営には最高の経営人を確保した。すると、大阪紡績工場は、年ごとに生産性を高め、五年以内に従業員の数が一千人を超えるにいたった。

このように渋沢の決断力によって、大阪紡績は日本の綿紡績産業全体に「国際競争力」をつけ世界でも認められる企業となった。（ウイリアム・D・フーバー「『論語と算盤の資本主義～渋沢栄一～資本主義の先駆者』日本のリーダー⑥、TBSブリタニカ、一九八三年」）

「（11）組織への取り組みについて」

ドラッカーと渋沢の二人は民間のビジネスパーソンの地位向上を図ることで多大な貢献をし

たが、特筆すべき点は、「組織づくり」の名人でもあった。

渋沢が掲げたスローガンの一つが、日本経済の近代化と民間の経営者を含むビジネスパーソンの地位向上であった。渋沢は、日本人の各自が一人一人、こつこつと努力しても限界があることも熟知していた。

そこで渋沢がひらめいたのが、西欧の株式会社のノウハウやシステムを導入し、五〇〇社以上の民間企業の創設事業に有力な部下を雇い関与することであった。同時に民間の経済界の意見をまとめ、報告書を作成し、それを日本政府に提出することであった。そこで、渋沢が注目したのが「商工会議所」であった。

ちなみに、渋沢の経営実務能力についてであるが、本人によれば、自分では簿記がつけれなかったという。渋沢は、一時お雇い外国人のアラン・シャンドのもとで簿記の勉強をしたが長続きしなかった。

渋沢は「（簿記の）さあ帳面をつけて見ろと言われると困る。帳面をつける人は講釈をしらない。〈中略〉研究もし、練磨もして見ましたけれども、年老いて段々忘れました」と述べている。（坂本慎一『渋沢栄一の経世界思想』日本経済評論社、二〇〇二年）

明治の初期頃はイギリスをモデルに、欧米の国々では既に、商工会議所が存在しており経済・経営会の人びとの地位向上と国益、それにナショナル・パワーとも直結していた。

ただし、欧米の商工会議所はローカルの地域中心の商工業者の利益組織として発足した。が、日本の場合、行政の補助機関的な性格を有する公法として、国からの庇護を受けながら発足する。

渋沢が次に実行したのが、日本の民間経営陣にも欧米の商工業界の事態を肌で学ばせることであった。そのために、東京営繕商法会議所の名前を「東京商法会議所」に改名し、一八九二年には東京商法会議所の初代会頭に就任。その後、全国の主要都市の大阪、神戸、横屋、名古屋その他の商工会議所とも連携し、全国商工会議所連合の創設に貢献した。

(12) 組織は学びの場

ドラッカーも渋沢も「学び」について興味深いコメントを残している。

ドラッカーは「人とは学びの存在である」という格言を残している。ドラッカーの意見では、西洋では、教え方重視のあまり、ソクラテスの「英知、つまり教えることは天賦のものであり、学ぶことは方法論であるとの見方が、すっかり忘れられてしまった」と指摘する。(*Drucker, Adventures of a Bystander*)

人びとは、ソクラテスによって、学ぶことは、あらゆる人間が心に秘めた欲求であることを再認識したのである。組織でも学ぶべきことが多々あるが、人びとはそれらに気づいていない。

人は、人生から何を得るかを問い、得られるものが自らが投じたものによることを知った瞬間、人は人として成熟する。組織から何を得るかを問い、得られるものが自らが投じたものによることを知った時、人は人として自由になれる。

Drucker, The age of Discontinuity（小林薫、『ドラッカーとの対話』）

ただし、ピアノや楽器の弾き方や野球のバッテング打撃方法などについての学びについて、ドラッカーは「誰かの手助けを必要とするようでは、終生学び続けることはできない」という。ドラッカーは力説する。『情報、確認、動機付けのすべてを学ぶことのプロセス、そのものの中に組み込んでおく必要がある』と。

渋沢は、明治の貧しい階層に対しても、率先していくつかの業界団体や組織を創設し、改編を行った。彼が最初に組織し手掛けた団体は、一九七八（明治一〇）年に成立した善会《ぜんかい》と呼ばれた「銀行家協会」であった。

この会を通して銀行家たちは、経営知識を学び、そして普及させたのである。また彼らは銀行業務の整備にあたったり、同業者の教育ならびに資格の向上をはかることが可能になった。これが後に、日本銀行協会として発展していったのである。

これも渋沢が欧州での見聞に基づく成果だが、彼は一九七九（明治一一）年に東京商法会議所を創設し、一九〇六（明治三八）年まで会頭を務めた。会議所は東京の産業界を一束にまとめ、商工業と人びとの地位向上と発展を指導してゆく役割を果たした。渋沢は「職場は学び舎」でもあることを実証した。

（13）組織は人が柱

ドラッカーは説く。「人間は単能マシーンではない」つまり、彼は人間主義と道義を重視した。例えば、役員会などの会議の場で、恥も外聞もない言葉を発して行動する経営者や、無責任に人びとを解雇するような人物については警告を鳴らしていた。特に資本主義の中で一番の問題は私利私欲に走る人間が多いということであった。

ドラッカーは、彼の処女作『「経済人」の終わり～全体主義はなぜ生まれたか』を刊行した理由は、ナチズムの全体主義の台頭と、リベラル思考と人間主義のヒューマニズムの衰退の原因を分析することにあった。

ドラッカーは「私はそれ以後、次の仕事は、過去ではなく未来についての書物、つまりヒットラー敗北後の来るべき世界の政治と社会のあるべき姿を探求してみたかった」と述べている。

(*Drucker, Adventures of a Bystander, Chapter 6*)

また、人間中心のマネジメントとは、人間の本質である自由意志と自律を実践させるマネジメントのことであると説いている。ドラッカーのマネジメントの特徴は、先に利益追求目的ありではなく、また経営合理主義中心ではなく、人間主義がベースの人間中心マネジメントである。

理由は、それによって新たな自由な産業社会が形成されるからである。また、それによって、ナチス・ドイツのヒトラー、ソ連のスターリン、カンボジアのポルポトなどによって生まれた独裁的な「全体主義」社会は、二度と出現しないと考えた。自由な産業社会を形成するという政治的なゴールを達成するために、ドラッカーがイメージしたのが現代企業であった。

ドラッカーはアメリカに移り住んだ時から、アメリカにはヨーロッパとは違い自由な企業経営者がいることを発見する。渋沢にとって国家社会の代表は合本組織に基づく「市場型株式会社」であった。が、ドラッカーにとって社会の代表は企業であり、企業が自由な活動をすることで、自由な産業社会を築くことができると考えたのである。

渋沢はどうであったか。彼は教育を通して人を育成するという理念を持っていた。

小手先のテクニックが用いられる学識を強く批判し、人格を磨く重要性を説いた。

渋沢栄一の思想を端的に言えば、「道徳経済合一説」で、そのベースは「論語と算盤」である。それは、次の三つの事柄に影響を与えた。

(一) 封建時代の士農工商に見られる「商業軽視論」を打破すること。

（二）儒教教育を受けた士族たちに対して、孔子の教えを使用し、商業活動の正当性を説き、近代日本の社会を形成するために商工業を育成することが必須であるというビジョンを掲げた。

（三）商人の意識向上に貢献し、実業界の人材育成の後押しをした。フランスで実業家と軍人が君主や政治家に対して対等に意見交換をする姿が衝撃的であり、これがきっかけとなり、日本における実業界の創設を試みる。商人はビジネスだけではなく、国家・社会のことも念頭におき、世論の形成を行わねばならぬという発想で、東京商法会議所（現在の東京商工会議所）の初代会頭となる。

渋沢は、暴走しがちな市場経済に基づく資本主義の精神的システム・制度の設置を試みた。ビジネス関係者は、公益を追求し事業を推し進めるのであって、私利私欲を追求するだけでパイの取り合いをすれば、競争が激化し、弱肉強食となり共倒れになる。

そのため道徳と経済の合体は、競争を平熱に保ち、健全な資本主義社会を維持する。これが合本法の精神的バックボーンとなる。渋沢の教えに共感した実業家は多かったが、一方、福沢諭吉や岩崎弥太郎らは、儒教の教えや道徳観は近代資本主義には有益にならないという考えであった。そのために、在野の人びとを大切にした。

例えば、昭和五年の十二月の寒い冬の日に、「陳情申し立て」の出来事があった。渋沢が九一歳の時である。社会事業家の代表が「東北の農民二〇万人が凶作のため寒さと飢えに苦しんでいる。救済法はあるが、予算がない」という陳情をするため渋沢邸を訪問。その時、渋沢は風邪をこじらせ寝込んでいたにもかかわらず、代表と面会した。

陳情内容を聞くや否や「老いぼれの身でどれだけ役に立つか知りませんが、できるだけのことはしてみましょう」と言って、即、側近に自動車を用意するよう言いつけ、大蔵大臣と内務大臣に電話をかけさせ「これからうかがうからよろしく」と伝えた。

両大臣は、「自分達の方から渋沢邸に向かいたい」と返答したが、渋沢はその申し入れを聞き入れなかった。

渋沢は「もし、これが原因で倒れても、二〇万人の人が助かるのなら本望じゃ」と言い出かけていった。私心を忘れた行為である。（泉『青年・渋沢栄一の欧州体験』二〇一一年）

渋沢栄一のフィロソフィーの中心はビジネス界に公益を求めるための「組織」の創成と、同様に「道徳経済合一説」である。その思想は、武士にとって必要な「論語」と、商人の必需品の「算盤」と深い関係がある。

⒁ 奉仕精神

ドラッカーの奉仕精神

ドラッカーは、日本の美術にも造詣が深く、水墨画の個展を日米で開くかたわら、教育面でも奉仕活動を生涯続けた。例えば、クレアモント大学やカリフォルニア大学ロサンゼルス校（UCLA）で、日本美術論を数年にわたり講義したことがある。

また、日本美術を専門とするアメリカの団体や美術館を支援していた。ハーバード大学のフォッグ美術館やミシガン大学の日本美術教育プログラムへの寄付、ニューヨークのジャパン・ハウスやサンフランシスコ美術館では、無償でコンサルティングを行った。

一方、渋沢は七〇歳を越えてから事業の役職から身を引き、彼が昔から幅広く手掛けていた社会事業の改善と奉仕活動にエネルギーを注ぐ。「転身」である。その理由は、自分の財力と地位を公的の利益のために費やし、公的奉仕の活動が日本の実業家にも開かれていることを内外に伝えたいという意欲を持っていた。

特に実業家として、社会の貧困問題は渋沢にとってクリアしなければならない重要課題でもあった。渋沢の社会的貢献で忘れてならない事業の一つに「東京養育院」がある。渋沢は六〇年間にわたって、「東京養育院」の建設と運営のための資金援助を行った。そこでは身寄りのない子供達や高齢者達、それに障碍者、路上生活者の面倒を見ていたのである。資金源として市民が積み立てていた共有金を活用した。この共有金は、渋沢が影響を受けた江戸時代の松平定信が、江戸の各地で命じて町費用の七割を貯蓄させた「七割金積立《ななわりきんつみたて》」からヒントを得たものである。

渋沢は、晩年になって「公（松平定信）から受けた御恩の万分の一を報じたい」という思いで一冊の書『翁公伝《おうこうでん》』を刊行している。

「今、一般社会の状態を観《み》るに、人心漸《ようや》く弛廃《しかん》して浮華淫佚《ふかいんいつ》に流れ、且《か》つ世政治界とはいわず、私利をうて公利を遺《わす》れる弊《へい》が頗《すこぶ》る多く、心ある者をして眉《まゆ》を顰《ひそ》めしむるもの枚挙に遑《いとま》なきばかりである。この時に当り若し一人にてもこの書を読んで、公が一家の身命を犠牲にして能《よ》く天下の艱難《かんなん》を匡救《きょうきゅう》せられ至忠至誠《しちゅうしせい》の大人格の感興《かんきょう》する士があるならば、独り私の喜びのみに止まらぬのである。」と記述されている。

自己修養に重きをおいていた渋沢は、貧困克服の主要な手段として、社会復帰、教育・保険対策に取り組んだ。加えて、幼年期にハンセン病患者がおかれている状況を目のあたりにしていた渋沢は、ハンセン病患者に対して、社会援助を行い、病院施設を増設し支援の手を差しのべ「難病撲滅運動」を展開する。

渋沢の取り組んだ教育文化における社会奉任活動に関しては、後の章で取り上げてみたい。

(15) 教育方針と教育機関への支援

ドラッカーにとって教育とは「実践学」である。また、ドラッカーが果たしている社会的役割は多岐におよぶ。

後でも触れるが、バーモント州の女子大、ニューヨーク大学、そして晩年はカリフォルニア州のクレアモント大学で教鞭をとっていた教育者である。

ドラッカーの教育のモットーは、渋沢と幾分類似するが「実践から学ぶ」である。

ドラッカーは現場主義の経営学者であり、「アクション・ラーニング」(現実・現場・現品)に力を入れた。あるデパートから、商品の売れないセクションのコンサルテイングの相談を受けた。その時、ドラッカーは、自ら二日間、売り場の現場にいて自分の眼で観察した。モニタリングをして問題点を発見し、改善策のコンサルティングを行った。まさしく、現場主義者、すなわち「アクション・ラーナー」と言える。

また、ドラッカーは『変貌する産業社会』（一九五九年）の中で次のように述べている。

（学校で教える科目のうち）経験に直結しているのは芸術だけである。この芸術を教育から排除すること、あるいは文化的な飾りとして、あえて残しておくことは、反教育的な蒙昧主義にほかならない。古代のギリシャ時代には、学者や紳士を気取った一部の人たちが、芸術面で力をつけることとは、奴隷に適さないと考えていたが。その考えが、われわれが知らないうちに刷り込まれているだけである。本を読むだけの教科では、学生は学生なりの勉強しかできない。しかも、どの程度の実績を収め力がついたかを測ることはできず、どの程度学んだかということしか測れない。別な言い方をすれば、現在の実力ではなく、将来の見込みしか示すことができないのである。

ドラッカーは続ける。「英語の『スクール』（学校）、それに相当する欧州の言語はすべて、ギリシャ語の『レジャー』に相当する言葉が語源になっている」教育を受けた人たちを生産的にすること。これは現代社会が抱える教育の課題である。

ドラッカーの弟子の一人であるジャック・ベーティによれば、ドカッカーは、企業は「社会的責任」をもっと果たすべきだという持論の持ち主であったという。産業企業には「たとえ社会の底辺にいる人たちでも、能力と実績しだいで出世できるような可能性を残す義務がある」、そして一九八〇年代に吹き荒れた敵対的企業買収の嵐は、「大多数のアメリカ人の正義感を深く傷つけた」と指摘する時、いずれの場合でもドラッカーは、自らの社会観に基づいて、道徳的な価値判断を行っている。

ドラッカーは説く。「自由企業は、事業のために良いことをしても正当化されない。社会のために良いことをして、初めて正当化されうるのだ。」しかも、それも実践型教育を通して。(*Drucker Management : Tasks, Responsibilities, Practices, & The Ecological Vision*)

ドラッカーは大学という教育機関で教鞭を取るかたわら、企業のみならず、教会、大学教育機関、ガールスカウトをはじめカリフォルニア州では、カトリックの非営利組織の福祉機関のためにコンサルティングを行っていた。なお、非営利組織は三つあった。しかも、その多くが無償で実施している非営利コンサルティングである。例えば、コンサルタントの相手から相当額の小切手を要求はするが、しばらくしてから相手に小切手をそのまま送り返していた。

ドラッカーは日本の美術品収集家としても有名だ。クレアモント大学では五年間、日本美術に関する講義している。また、カリフォルニア大学ロサンゼルス校、教養系大学の西海岸の名門ポモナ・カレッジでは、東洋画の講義を行ったことがある。日本美術を専門とするアメリカの団体や美術館に資金的支援を行っている。

ハーバード大学のフォッグ美術館やミシガン大学の美術教育プログラム、ニューヨークのジャパンはハウスへの寄付、サンフランシスコのアジア美術館への無償コンサルティングを実施していた。ドラッカーは、寄付をしてくれた企業には、教育者として無償で講義を行っている。

女子教育に対しても支援している。アメリカで最初はパートタームの非常勤講師としてニューヨークのサラ・ローレンス大学に席を置き経済学と統計学を教えていた。

一方、渋沢は、有能な企業人は適切な教育と訓練を受けてはじめて生まれるとの信念の持ち主であった。その信念に基づいて、実業学校を創設し、維持にエネルギーを注いだ。彼の教育事業への支援は初等教育から高等教育、社会福祉機関教育まで多岐にわたる。

当時の日本の官僚は商業教育に対しては冷淡であった。渋沢の夢はアメリカの経営大学（ビジネススクール）をモデルにした商業教育を日本に導入することであった。そして、渋沢は一八七五（明治八）年に、日本初の商業学校と商法講習所の設立のため、自資金を調達し、後継者として助言を与え、教育の発展に寄与する。

儒教の道徳観に影響された渋沢は、日本のビジネスパーソンに新しい社会的地位を引き上げ敬意の対象となるためには、ビジネスパーソン自身が社会的責任を持ち、国家と社会の福祉のため貢献し、実業の中に道義を確立し、邁進《まいしん》しなければならないことを強調した。

渋沢は、財閥の岩崎家や安田家とは異なり、私財づくりをしたことはないし、巨額な遺産も残していない。

ちなみに、商業教育への関心を社会奉仕に結びつけた商法講習所は、文部大臣を務めた森有礼がアメリカから招聘したウイリアム・ホットニーが教師となり、私塾形式としてスタートした。現代の一橋大学の前身である。

渋沢はエリート官僚と同格のエリート・ビジネスパーソンを育成するため、この講習校を長きにわたり官立（国立）大学に認められるまで、紆余曲折の道を乗り切りながら支援し続けた。

また、渋沢は一九〇一年に東京専門学校、現代の早稲田大学の前身にも関与し惜しみない支援をする。この年に大学部設置のため基金募集金の当時の三〇〇〇円を寄付している。一九〇三年に東京高等商業学校に先んじて商科設置となった。

（橘川・島田・田中編集『渋沢栄一と人づくり』一橋大学日本企業研究センター、二〇一三年&御手洗昭治『国際ネゴシエーション講義覚書』未発表資料、札幌大学、二〇二〇年）

(16) 女子教育の向上を目指す

女子大で初の専任教授ポスト

ドラッカーが、最初に専任の教授としてポストを得た大学は、バーモント州にあるベニントン女子大学であった。ドラッカーは政治学を含む七科目の分野の科目を担当するが、ベニントン大学時代に、マルチ型学問的基礎知識を確立し、女子教育の社会的意義と重要性を説いている。ドラッカーは最初は政治学者として教育活動を始めるが、抽象的な政治学より、次第に人間行動に興味を持つようになる。マネジメントも人間行動の研究であることを発見し独自のユニークな経営思想を確立するのである。

そして、その後ニューヨーク大学に移籍する。そこで、ドラッカーは、女子教育向上のための思わぬ行動に出る。女子学生を経営大学院に入学させるという前代未聞のアクションを起こしたのである。それに関しては、むろん他の教授らからは猛烈な反対意見があがった。

だが、それにもひるまず、ドラッカーはアメリカの経営大学院始まって以来、初の女子学生を受け入れたのである。(詳しくは拙著『ドラッカーがいま、ビジネスパーソンに伝えたいこと』

（総合法令出版、二〇二〇年）を参照されたい）。これを境に、他の経営大学院でも女性に門戸を開くことになるのである。

渋沢の女子教育への奉任と貢献

ドラッカー同様、渋沢は社会奉仕として女子教育にもエネルギーを注いだ。それは、渋沢がアメリカの女性から受けたインパクトが源になっている。島田昌和氏によれば、渋沢は女子学生に対しても男子大学生と十分対抗できる心意気をもってほしいという構想があった。

それには理由があった。渋沢は、一九一一年に米国スタンフォード大学のジュルダン総長やイギリスのロンドン大学のシドニー・ウエッブ教授ら関係者が来日した際に、彼らを日本女子大学に招待し、日本の女子大の現状を参観してもらったことがある。

その時、彼らのコメントに対し渋沢が驚いたことがある。彼らの意見では、欧米の女子教育に比べて、日本の女子教育のレベルが低いことが、アメリカにおける「日本人移民問題」で蔑視されている大きな原因の一つであることを指摘される。（「女子のあるべき姿を求めて」『原書で読む渋沢栄一のメッセージ』）

女子教育とアメリカにおける日本人移民問題とは別次元の問題であるように思えるが、渋沢は、彼ら欧米人たちの抱いている「ステレオタイプ」（門切り型の固定観念）を崩すためにも、日本の女子教育の高さを実際に観てもらおうと努力した。

渋沢の女子学生に対しての励ましのスピーチ

一九〇七年に日本女子商業学校が創立四周年記念式典を行った際、渋沢は「五千万人の人口中、男の商人が一〇〇〇として、それに一〇〇〇の女性が加われば、『此位嬉しい事はない』と述べた。（渋沢栄一伝記資料）二六巻」、影山礼子『産業啓蒙家の女子職業教育論』（甲南女子大研究紀要、第三三号、一九九七年）

欧米の異文化に接していた渋沢は手始めとして、四五歳の時に官からは重要視されていない商業教育と同様に女子教育を次世代の国民育成、国の発展と進歩には重要と考え行動を起こした。以来、九一歳で死去するまでの四六年の間、商業学校と同様に民間の女子教育機関への支援活動を続けたのである。東京女子学館の設立、女子教育奨励会の役員就任、日本女子大学校の設立と財政援助・大学評議員など、渋沢が婦女子の教育に残した功績は大きい。

渋沢が創立した女子教育の学校は、（１）一八八八年に東京女子館、（２）一八八六年に日本女子大学校、（３）明治女学校、（４）共立女子職業学校、（５）一九二八年に日本女子商業学校、一八八六年には女子教育奨励設立する。

「大正デモクラシー時代」には多くのミッション系を含む女子大学が設立されようとしていた。津田英学塾（現女子大学）、歴史学者で元駐日大使を務めたエドウィン・ライシャワーの父であるオーガスト・ライシャワーも設立に協力した東京女子大、梅花女学校、神戸女学院、その他多くの日本各地に創設された女子大学の設立の相談役や顧問となり、寄付や訓話をおこなった。

(17) 企業の社会的役割の考え

両者の経営学は、強固な道徳(モラル)感覚に裏打ちされた、人間主体の経営学である。現代の世の中には非人間的なものが多くみられる。個人としても集団、特に企業組織を巡っての、嘆かわしい事件が多く発生している。そのため、両者は、人間の本来のあり方について人間の見直しに対する回答を提供してくれている。

渋沢栄一、三三歳が人生の分岐点。ドラッカーも三三歳、首都ワシントンで働き、翌年正規バーモント州のベニントン大学の教授としての人生を歩む。『産業人の未来』出版し学者の道を歩み始める。渋沢は、三三歳の時に、近代企業の第一国立銀行(現みずほ銀行)を創設する。最後に創設した会社が日本空港輸送で、渋沢が米寿を迎えた八八歳の時である。

その間、東京ガス、東京証券取引所、東京海上火災保険、東宝、石川島播磨重工(現ＩＨＩ)、日本郵船、王子製紙、帝国ホテル、秩父セメント、大日本印刷、キリンビールとサッポロビールなど総計で五〇〇を超える企業・組織・団体・協会などの企業設立に関与し役員として活躍する。

九一歳で亡くなるまで、社会貢献に生きた渋沢栄一の原形が、幼き日の両親の姿にある。彼は、幼い頃から父の渋沢市郎右衛門から漢学を学ぶ。生家は、農耕以外に、藍玉《あいだま》の製造や販売や養蚕を営む豪農であった。

加えて、父のもとで商業と経営を実践教育を肌で学ぶ。母エイも、慈悲深い人で、ハンセン病患者にも食事を提供したり、背中を流したりしている。

企業の商社を含む会社という組織について渋沢は説く。

「(社)や商社は会同一和する者の、倶に利益を謀り生計を営むものなれとも、又能《よ》く物資の流通を助く、故に社を結ぶ人、全国の公益に心を用いん事を要とす」

つまり、会社は私有される組織ではあるが、会社とはそこに参画する人びとの利益をもたらしてこそ、生計をたてさせるものとなる。

しかし、商品や物資の流通に関わるものでもあるから、全国の公益性を考えなければならない。企業組織とは公益性を求めたものであることを主張し続けたのである。(『渋沢栄一のメッセージ』)

(18) 社会的・公共事業への貢献

ドラッカーの民営化&民営化はドラッカーの造語

ドラッカーは社会の根源的な変化、すなわち「民間」が起こりつつあることを警告した。一九六〇年後半にドラッカーは「再民営化」(Reprivatization) の時代が幕明けすると提言した。現代の「民営化」のことである。

だが、ドラッカーは「(当時、ロンドン・エコノミストや) ありとあらゆる書評が他のことはさておき、民営化などはありえないこととして片づけたてしまった」と回想する。彼は、これを原書で「政府の病」"The Sickness of Government" と呼んだ。

しかし、その後、変化が起こった。ドラッカーは力説する。「イギリスの首相に就任したばかりのマーガレット・サッチャーが、民営化の考えを本書 (*The Age of Discontinuity*『断絶の時代』) によるものと皓と割ったうえで採用し、国営事業の数々を民営化していった」。

また、「民営化」は、一九八六年にフランスの首相に就任し、親日派としても知られるジャック・シラフはじめとする保守党の政策となった。

しかし、「リチャード・ニクソンは大統領就任直後、保健教育福祉省で次のスピーチを行った。ドラッカー教授は、政府にできることは、戦争と通貨価格を下落させることだと言う。私は彼の指摘が間違っていることを証明したい」と意欲を示したという。

ニクソンはある意味では、ドラッカーの間違いを証明した。ベトナム戦争によって、政府が通貨価格を下落させることには長《た》けていた。しかし、政府は戦争が得意ではない事を証明した（ベトナム戦争は一九七五年に終戦を迎えることになる）。

その後、ある「断絶」事件が起こった。ウォーターゲート事件である。（民主党の宿泊場所であるウオーターゲート・ホテルの各部屋の電話器に、大統領命令で盗聴器が取り付けられた大事件）。

この事件は、ニクソン政権下において、大統領至上《しじょう》主義と政府の病との「断絶」によってもたされた。つまり、ニクソンが政府の病という断絶への取り組みを拒否した時に起こった大事件である。ドラッカーの「民営化」の必要性の忠告を無視したニクソンは大統領の座から失脚する。

当時のドラッカーは、「政府が何をすべきかを問うのではなく、政府に何ができるかを考える時代が到来した」ことを予感した。（ドラッカー自身「私は、予測はしない」と断言している）。

ドラッカーはずばり説く。

「政府は、経営者としてはお粗末である。(Government is a poor manager)」と。それはなぜか? 巨大かつ複雑であって、手続きにこだわる機構である。公的資金を認識しているがゆえに、すべての一銭残らず(every penny)まで責任を明確にしなければならないからだと指摘する。したがって、官僚的にならざるを得ない。

政府は法のもとにあるべきか、人間のもとにあるべきかについて、常に議論をしなければばならない。また、形式に従わねばならない」、つまり「必然的に余計な予算がかかるという意味である。その理由は、最後の一割を管理するためには、最初の九割の管理以上に予算がかかるからである」

また、「しかも政府では、忠誠が成果よりも重視される。政治能力よりも執務上の与えられた任務をこなす凡庸《ぼんよう》さが重視される」加えて「波風を立てないことが評価につながる。つまり、イノベーションは行わず、イニシャティブをとることなく、前例にしたがうことがベターとされる」

ドラッカーや渋沢は、こうした官僚的なシステムでは政府が崩壊することに気付いた人物たちである。ドラッカーは、民営化には企業が適していると言い切った。二人は、企業が政府にできない二つのことがあることを発見した。

一つは、企業は事業を中止できること。自動車王と呼ばれヘンリー・フォードでさえ、世界初の大衆車の「モデルT」が売れなくなった時、生産をあきらめた。彼の孫のエドセル・フォードも辞任せざるを得なかった。

二つめは、社会が企業の消滅を許す唯一の組織である。強力な成果をあげる政府を求めるならば、現在の部門を政府所有としてはならない。投資家が自らの利己心を自らの判断を基に、政府を失敗のリスクを背負うことのできる企業としなければならない。

企業では成果とコストの関係を見ることができる。企業は、思想や感情には関係なく管理できる。企業だけが業績の試練を受け、利益が企業の評価基準となる。

民営化について、政府活動の規約条件の中に、「いかに素晴らしく、称賛すべきものがあっても、政治的な目的に奉任してはならない。公共のための特定された成果にフォーカスを当てよ」という成果を目指すことが求められている。

以上の国や行政の問題点をドラッカーが『断絶の時代』で鋭く切り込み、論陣を張り指摘したのである。政府や行政の効率を大改善しなければ、国が崩壊することを警告した結果、「民営化」が始まった。

民間人やビジネスパーソンより公務員の数が増えれば、市町村や国が、どういった末路をたどるのか？　それについては、読者諸氏の想像どおりである。

渋沢の社会公的事業

渋沢は、近代日本で最初の公的社会福祉施設を創立し、五〇年以上にわたってその院長を努め続けた。日露戦争後、日本国内にはさまざまな矛盾が渋沢の眼につくようになる。政府や社会のあり方を再構築しなければならない時代であった。

その矛盾や問題点を緩和すべく、渋沢は後のドラッカーの如く、社会事業の支援に最大限のエネルギーを費やし、対立の目立つ労使関係の中で相互理解の糸口を模索する。養育院も渋沢が支援した社会事業の一例である。

ドラッカーは「政府に出来ることと出来ないことがある」ことを解明した人物である。一八八八（明治二一）年に「札幌麦酒会社創立」・発起人総代（一八九四年）となる。（社会と組織）

渋沢は公共性を伴った組織や株式会社は、「官尊民卑」を打破するための拠りどころのようなものであったため、「官」に対して「民」の力を蓄え、底上げしてゆくために民営化に近い「民間パブリック」を支える道徳（ドラッカーの倫理ともなった）を重視した。

また、それを推し進めるため、近代教育を受けた人びとによってにな担われることをモットーとして掲げアクションを起こした。渋沢にとって民間パブリックとは、さまざまな階級が結集する必要があったため、道徳的基盤を最大公約数としている旧来の「論語」を用いた。

人びとの中には、武士から民間人になり成功をおさめた例もある。例えば、静岡県の牧の原のお茶は高級茶として知られている。幕末に職を失った武士たちが茶づくりの方法を覚え、武士から商人、つまり企業家としてビジネス感覚を身につけ社会のニーズに応え、高級茶を造りあげた成功物語の一例である。

渋沢の社会事業、商業教育への支援、国際交流での活躍についてであるが、それらはどれも渋沢のビジネスパーソンとしての活動とその社会的評価があってこそできることである。

しかし、彼がビジネスの局面でいかなるポリシーを持ち、どのような対処をしてかについては、案外知られていない。それについて若干紹介してみたい。

子供や弱者に対する社会福祉・慈善事業支援

渋沢は、一八七四年に東京会議所の取締役となった。同じ時期にロシア皇太子（後のニコライ二世）の来日にあたって、都内の浮浪者二〇四名を隔離し、収容させる施設「養育院」を七分積立て金の残額を用いて本郷の旧加賀藩邸屋敷の一部を使用し発足させた（『渋沢研究会編』一九九九年）。

当時は明治維新の直後ということもあり、街にはホームレスや物ごいら貧しい人びとが多くいたという。それらの人びとを外国からの来賓の目にふれないように、一時取締をするが、一八七二年（明治五年）になって当時の東京知事が、巷《ちまた》にあふれる恵まれない人びとを救済する手だてをする。

渋沢は、こうした弱者のために、社会福祉・慈善事業に出資する。渋沢は回想する。「とりあえず、旧加州邸（加賀藩邸）に収容所を設け、市内にさまよう百四十余名の老若男女及び体が不自由では働けない人を収容したが、次いで上野の護国院の建物を購入して、これに修繕を加えて全部ここへ移した。そうして、東京府養育院と命名し、経営は営繕会議所の資金をもって支弁することとなったのであるが、これがすなわち今日の養育院のできあがった初めなのである。」（渋沢栄一『雨夜譚《あめよがたり》　余聞《よぶん》』）

渋沢は、一八七六年には東京会議所の会頭に就任し、七九年から養育院の院長を引き受け一九三一年まで、その職務を続けたのである。

また、養育院は、後に児童処遇の問題を課題として発展を続けた。

一九〇五年には、渋沢は農工業を重視した感化教育を目指し、井の頭学校を設置した。その後の一九二三年の関東大震災後には、行き場のない孤児に教育を提供するために、板橋本院を設立する。目的は、社会の再生産に資するよう社会に送り出し、障碍者や学習不振の子供達を院内で引き続き教育するという体制を築いた。

渋沢は月に一回、子供らに配るお菓子を持参し板橋本院を訪問し、入院者や子供らと面談をした。なお、千葉の館山《たてやま》にある「東京都船形学園」（前身は東京市の養育院の勝山保養所）には、横長の渋沢の書が掲げられており、現在その書は学園の裏に磨崖壁碑として復元している。

第3章

経営の神髄は異文化体験がベース

ドラッカーや渋沢にとって、感受性の強い少年時代や青年時代の外遊や異文化体験が彼らの見聞を広げることとなった。そのことが、自国のあり方を外部から客観的に眺める機会を与え、彼らの人間を中心とした経営思想や、社会公益性、さらには文化事業にも影響を与えた。

二人は、「百聞は一見にしかず」を体感し、大きなインパクトを受ける。この章では主に、渋沢を取り上げてみたい。

(1) 渋沢ら御一行「花の都のパリ」に到着

一八六七年四月七日（慶応三年三月七日）、徳川昭武一行がパリに到着した当時、フランスは幕府に借款《しゃっかん》を提供し横須賀造船所を建設させ、フランス式軍隊を採用させた。そのこともあり、慶喜は当時フランス語を学んでおり親仏派でもあった。また、慶喜と親しい間柄であったフランス公使のレオン・ロッシュが、日仏関係を強化するため、ナポレオン三世の威光を自らの後ろだてにしたいという意図もあった。

渋沢の職務は「庶務・会計」だった。当時、渋沢が特に印象に残ったことが三つある。

一つが、徳川昭武がベルギー国王のレオポルド二世に謁見《えっけん》した際、国王が自国産の「鉄」を宣伝したこと。いわば、起業家精神を持ったセールスパーソン的な国王の姿に驚く。

二つめが、「官」と「民」の関係の違いであった。昭武の世話係をしていた銀行家のフリューリーと軍人のレオポルド・ビレッドが対等に話している光景を目にした時である。日本で言えば、「商人」の銀行家エラールと軍人、すなわち「武士」のビレットとが対等の立場にあることに、「官尊民卑」の差が歴然としている日本との差異に大ショックを受ける。

三つめが、フランスで株式を実際に見、体験した時である。渋沢は、徳川昭武の留学費用を捻出《ねんしゅつ》するため、ベレットの薦めでフランス政府の公債と鉄道社績を購入する。この機会によって西欧における資本主義制度を実際に学び体感し、それが帰国後「合本主義」を誕生させる結果となるのである。

これらの自ら身で覚えた体験が、後に渋沢の後世の活動に多大な影響を与えることになる（『渋沢栄一パリ万国博覧会に行く』渋沢栄一記念財団渋沢資料館、二〇一七年）

渋沢は、帰国後、超人的な行動を活動的に行う。民業として銀行はむろん、果ては運輸関係、多くの各種産業、ホテルや劇場、船舶・海運業にまで広がり、財界、産業界に大きな足跡を残し貢献した。五〇〇社の会社創設に関与し、社会事業・公益事業である教育事業や医療病院、孤児院、その他の福祉事業にも関わり、それらの数は六〇〇にも及ぶ。

渋沢は、なぜそのようなスーパーマン的な行動や活動が可能であったのか？

それには二つの要因がある。一つは、パリ時代に学んだ銀行とそのシステムであり、二つめが、これもパリで学んだフランス政府の公績と鉄道社績を購入した際に学んだフランスの資本主義＝合本主義である。

現代のグローバル時代においても同様だが、合本主義の柱は、ヒトと金であり、事業を進めるにはドラッカーの理論ではないが、先ずは、「企画」があり、「ヒト」がいて資金源である「お金」である。

事業化するのは、銀行であり株式会社である。事業が軌道に乗れば、後はこれらをビジネス・マネジメントできる経営ができるマネジャーに委ね事業を展開する。一つの事業が成功すると次の事業に取りかかればよいのである。

渋沢は、このビジネス・モデルを活用しスーパーマン的に多くの事業を拡大していったのである。しかも、それらの事業は「民間」が行う。渋沢は、言わばドラッカーの民営化理論と同様に、事業は「官」ではなく「民」が柱となって大規模な事業を展開した。

七〇歳を過ぎた渋沢は説く。

「自分の一身上、一番効能のあった旅は、四四年前の洋行と思います。この時が銀行を起こすこととか、公債を発行するとか、外国では役人と商人の懸隔が日本の如くでない、これは、なんとかしなくてはならぬと言うことに気が付いた。これはよほど効能のあったことを思います」

（泉三郎『青年・渋沢の欧州体験』祥伝社、二〇一一年）

前述したように、渋沢は、欧州各地で視察した機械工場、繊維工場、スエズ運河やパリの下水道をも実際に自分の眼で視察し、鉄道網を利用し、大陸を結ぶ郵船や港湾設備を観、それらを在野の民の人びとのお金を集め、協力し合ってできた富、そのノウハウを渋沢は身体で覚えたのである。

富を増やすことで国を富まし、人びとの生活を豊かにしていくことができる。渋沢はこの方式とシステムを日本に導入し、パイオニアとして在野の民の力でつくり上げた。

パリ万博に圧倒される使節団

『航西日記』などによれば、渋沢は一八六七年に日本が初参加したパリ万国博覧会に使節一行に同行し会場を視察する。幕府参加のお膳立ては駐仏大使のレオン・ロッシュであった。

幕府側は、諸藩に参加と出品提供を呼びかけた。出品したのは、九州の薩摩藩、佐賀藩と清水仰ぐ商人たちであった。日本の出品作品の多くが伝統的な美術・工芸品と農産物であった。幕府側からは絹織物、日本刀、和紙、象牙細工品、磁器、漆器、青銅器や衣服、昆虫標本、商人の清水卯三郎からは、陶器や雑貨や武器などが提供された。

薩摩藩は琉球と薩摩の特産物、佐賀藩は九州の磁器などを出品し、いずれも出品作品は好評を得たと記録されている。日本館は質素で貧弱あったが話題となったという。

渋沢は「日本の家屋は博覧会中珍物の随一たり。此の家はパルク（園地）の内にて支那地所に隣なり」と述べている。なお、日本からの出品物の和紙、生糸、漆器はグランプリを取得する。

また、日本庭園も設けられ評判となった。そこでは清水卯三郎が「茶屋」を出店し、「すみ」「かね」などという三名の優雅な和服姿の女性たちが来訪者を、おもてなしで歓迎した。

渋沢の最大の関心は、本人が「此の一場中。各其功を競うことは、数年来開花の進歩をまず。年表として見なら倣すべし」と述べているように、パリ万博において他の文化の異なる国々が競った新技術であった。特に、元は農業を営んでいた彼を最も虜《とりこ》にさせたのが、アメリカの耕作機械、紡績機械であった。

日本側のパリ万博の印象は、「自分たちもいつになれば、この水準（今でいうグローバル・スタンダード）に達しうることができるのか？」であり、カルチャーショックを受ける。加えて、彼らは、豪華絢爛《ごうかけんらん》の「花の都のパリ」と当時の江戸の街並みや産業技術などを、いやがおうでも比較せざるをえなかった。

薩摩と幕府のトラブル

パリ万博において、思わぬトラブルが幕府と薩摩藩との間で発生する。しかも異国においてである。つまるところ、薩摩藩は「琉球諸島王松平修理大夫」の名義で、幕府とは異なり別の独立国として出品の区画を得て展示をおこなった。

加えて、国旗に関しても一騒動が発生する、薩摩側は、国旗には薩摩・島津家の丸に十字の旗を掲げ、加えて琉球国王使節として万博の開会式にも参列していた。これらの薩摩藩の行為は、権威の点において幕府側の面子をつぶす結果となった。

しかも、徳川昭武ら一行がこのことに気づいたのは、マルセイユに到着した時である。昭武一行らは、パリ到着後に薩摩藩に抗議するため、薩摩藩に交渉を求めて対処しようとしたが、事態は難航する。問題は「その時、すでに遅し」であったため、薩摩藩と幕府とは同列であるという情報が流れ広まっていたことである。

この事件の結果、向山某らは責任を取り、先に日本に帰国してしまう。この事件に輪をかけた金銭的問題も発生する。幕府がフランスから受け取るはずであった六〇〇万ドルの借款が「ナシ」となったことである。昭武一行同様、渋沢もその後、留学を含む滞在費の捻出に苦労することになる。渋沢のフランス滞在中の職務内容にも影響を与えることとなる。

ちなみに、渋沢は、公使関連費用として、月に五万ドルを預かっている。フランにすると、当時の計算では二万五千フランとなる。公使の費用は年間六万ドルであった。

ナポレオン三世のスピーチと新聞に驚く

渋沢がパリ万博で驚くと共に感動したのが、一八六七年の七月一日に万博の賞牌《しょうはい》授与式に参加した際、初めて聞いた欧米式のスピーチである。

しかも、スピーカーがナポレオン三世であったからインパクトがよけいに強かったようだ。フランス語のスピーチ全部は理解できずとも、スピーチを聞き入っている周りの人たちの反応や表情などの非言語メッセージや雰囲気から、ナポレオン三世が皇帝として、世界に誇るイベントと参加者に対して御礼を述べているくらいのことは察することはできた。

加えて栄一が驚いたことは、皇帝のスピーチ内容が、翌日の瓦版《かわらばん》ではなく、朝刊に記事として報道されていたことである。

「三世ナポレオンが試みた演説の如きも翌朝の新聞に報道されて、私共仏語の読めないものでも之れを翻訳さへすれば、直に内容を知ることができました」と記している。

ユニバーサルな世界とグローバルな自由貿易の発見

渋沢は、「…今ここに千八百六十七年の博覧会は、実にこれをユニヴェルセールという付可なるべし」と述べているが、パリ万博を通し世界の万国に共通するシステムも学ぶ。

パリ万博の目的は「世界の国々が一つ（ユニバーサル）になり、パリに集合し、互いに芸術作品や産業・工業製品と社会・生活を展示し、異文化を理解し、さらなる交流を深め貿易を振興させる」ことであった。そのため遠い東洋の異国の日本にも参加要請があった。

しかも当時十九世紀は、保護主義から自由貿易へ移行する時代でもあった。特にフランスが万国に力を入れた最大の理由は、保護主義国家であったフランス自身が自由貿易主義にシフトを切り替えるためでもあった。一八六〇年にはイギリスとフランスが「英仏通商条約」を締結する。

日本もアメリカと黒船のペリー来航後の一八五八年に「日米修好通商条約」を締結する。ちなみに、この条約は、初代駐日米国領事タウンゼント・ハリスが大きく貢献したため「ハリス条約」とも知られている。

その結果、欧米を中心とした自由貿易のグローバルなネットワークが拡大しようとしており、貿易製品や産業の競争が始まろうとしていた。渋沢は、日本のパリ万博参加を通して、グローバルな自由貿易の流れのリアリティと、異文化の「人的交流」と「交渉力強化」の必要性の意味を体感する。

御勘定格陸軍附調役・渋沢栄一

渋沢は、将軍徳川昭武一の随員としてヨーロッパに向い、庶務と会計の担当者となる。が、正式の職務名は「御勘定格陸軍附調役」として随行するのである。

彼は、勘定格、つまり会計担当を任せられるが、職務内容については明確なマニュアルなどがないため、次の五つのお伺いを立てている。

（1）勤務中の服装は通常の服を着て、式典などのときには羽織を着用するのか。

（2）公費の出納は明確に記録し、後日に内訳帳を提出して収支報告をすれば良いのか。

（3）持参した公費が不足した場合の手続き方法を指示いただきたい。

（4）職務内容の指示は、どちらに仰げばよいのか。

（5）持参した調度器具などが不足した場合、外国の品で用を足すべきとあるが、日本の品でなければならない場合には、書類で申請するため、早々にお送りいただきたい。（『渋沢栄一、パリ万国博覧会へ行く』）

渋沢は、父親ゆずりの几帳面さと勤勉さを受け継いでおり、物事を進めるためには念入りに準備し実行に移すタイプの性格だったと言える。

サン・シモン哲学に影響され社会・企業の仕組と人を知る

渋沢はフランス滞在中にパリの社会基盤（インフラストラクチャー）に関心させられる。人びとの日常生活に結びついている事業、施設や設備、それに仕組みなどを、くまなく自らの足で回り確かめたという。

これら渋沢が肌で体感した経験が、後の日本の国づくりのバックボーンとなる。加えて、彼が事業を展開するにあたって注意した点は、経営思想の一つである「事業とは個人に利益を与えるとともに、国家社会にも利益をもたらす事業であるかどうか」を点検することであった。

この思想は、社会の公益も顧みたドラッカーが考案した「民営化」の事業の思想とも相通じるものがある。企業の目標について、二人は「さまざまな人の力を結集し、組織や社会の人びとにとって成果のあがる事業とは何か？」を生涯にわたって追い求めた。

渋沢の場合は、二つの鍵を組み合わせる方法を取った。

一つは、多くの人びとから資金を集め社会に供給する金融システムを築くことであり、他の一つは、株式会社の仕組みを考案しようとした。しかもそれは官ではなく、在野の民《みん》の力で成し得るという点である。

ドラッカーは、自由な産業社会を築くには、政治家でも、エリートでも官僚、それに国家や政府でもなく、企業経営者を含むビジネスパーソンであるという持論を持っていた。

渋沢の場合、フランス文学者の鹿島茂氏によれば、彼はパリ滞在中に、フランスの哲学者サン・シモンの洗礼を受けたという。時の皇帝ナポレオン三世は、サン・シモン主義の「人間の人間による搾取《さくしゅ》にかえて、人間による自然の活用、すなわち生産をもってする」、言いかえれば「産業を興すことで、貧困をなくす」という思想に多大な影響を受けた人物であった。

シモンの思想の核となるのが、「金融システムと株式会社システム」であった。ナポレオンは、このシステムを採用し、労働者のための福祉政策を確立しパリの街の再開発事業を行い成功する。これまで汚れていた旧式の街並みは、短期間のうちに、ロンドンをモデルとし、上下水道や灯火や道路が整備され、公園が増設された。その結果、国の復興のシンボルとして豪華絢爛なるパリ万国博覧会を開催したのである。（鹿島 茂「サン＝シモン主義者 渋沢栄一（1）、（2）&（3）」『諸君』文芸春秋社、一九九九年）

フランス滞在中は、庶務・財政・雑務の担当者であった渋沢にとって幸運だったのは、パリ時代に渋沢の実務に関してアドバイザーとなったフリュリ・エラールの存在である。エラールは、銀行家であり、かつ投資家であり鉄道、株式公債の専門家であった。

渋沢は、そのエラールからマン・ツー・マンの指導を受け、「官ではなく民（在野《ざいや》）の人びとを結集し、力を合わせ事業を立ち上げ、株式会社にする方法」を学び取ることができた。渋沢自身も、自分の手持ちの資金を公債に投資し、かなりの利益を得た。幕府の厳しい財政事情の中で、昭武の留学を継続させ、幕府一行の生活を工面するため、渋沢は資金運用を行わねばならなかった。その時の恩師がエラールであった。

エラールは、渋沢に鉄道はむろん、株式公債について株式取引きについて教授した。また、有価証券売買の実際を教え見せるために、彼を伴って証券取引場に赴《おもむ》いている。

土屋喬雄著『渋沢栄一』によれば、晩年渋沢が『合本組織《がっぽん》』を創案し事業を展開できたのは、栄一がこの間に体感し得た経験や知識がベースになっている。

ドラッカーも、サン・シモン（一七六〇～一八二五年）の愛読者で、シモンの「人道主義」を柱にする哲学思想に大いに影響を受けている。

ドラッカーは『断絶の時代』の中で、渋沢とサン・シモンについて次のように指摘する。岩崎弥太郎と渋沢との違いは、二人の重点の置き方にあった。岩崎は、「資本主義型実業家」であったのに対し、渋沢は「出資型実業家」であった。岩崎にしても、世界を舞台とする経営陣をつくりあげなかったならば、成功はしなかったであろう。

これに対し、渋沢も自らが創設した大金融機関である第一銀行を本拠をメインの本拠としていた。経済発展は、（フランスの社会哲学者であったサン・シモンが提唱した）資本の形成と人材開発という『二本柱』柱が必要である。（資金の乗数効果についていえば、）資金の栽培のほうが、歴史的になじみがある。

十九世紀には、フランスの社会哲学者のサン・シモンが一八二〇年に投資銀行を発明した。シモンが考案した投資銀行は、社会の資金を生産性の高い分野へ、端的に言えば、過去から未来へ移すことを目的とした。

ロス・チャイルド家が金貸しだったのに対し、シモンの銀行は、社会の経済発展の担い手をゴールとした。資金の不足を利用し、利益を上げる金貸しと違い、シモンの銀行は「成長と生産能力」によって利益を上げるのが目的だった。(*Drucker, The Age of Discontinuity*)

渋沢が目指した「合本主義《がっぽん》」の目的と類似する。合本主義については、この後の章で紹介したい。

アイ・オープナーとなった欧州文化

渋沢は、江戸時代の封建社会の「士農工商」のアンフェアな階級の疑問点を、一橋家の歩兵組織化を実際に行って学んだ。つまり平民を武士に取り立てる議論である。ただし、渋沢はこれについては書を通して学ぶ。社会的成功と言える。このことが、欧州への渡航と滞在することによって、関心が経済とビジネスに移行する。

欧州滞在は渋沢にとって、目を見開かせる、つまり大きな「アイ・オープナー」であり、かつ貴重な異文化体験であった。好奇心旺盛な彼は、別世界のヨーロッパで身のまわりにあるすべてのモノに強い関心を抱く。

朝の朝食や夕食のランチといった欧州の食文化、食べ物では特にバターやチーズ、コーヒとミルクの大量消費の量に圧倒される。さらには、文明の力であるエレベーター、街並みや路地のガス灯、電報システム、整備された下水、石造りの豪華で華麗な屋敷、それに汽車の旅や公共施設の充実さに大きなカルチャーショックを受けた。

渋沢の『航西日記』には、フランスの軍隊の式典を見学したり、小学校や反射炉、機械工場や紡績工場を訪問した際の驚きが記されている。鎖国日本とは天と地ほどの違いを知る。日誌では、「実に西洋の開花文明は、聞き及んでいたよりさらに進んでいて、おどろくばかりです。まさに天下の気運というでもいうべきでしょうか、人知の及ぶところではありません」「以前にいっておったこととは反対のようですが、日本の孤立・閉鎖など思いもよらぬことです」と記されている。

また、婦人たちに対する印象といえば、「婦人の美麗なることは、実に雪のごとく、玉のごとく、通常の平凡な婦人さえも、楊貴妃《ようきひ》や西施《せいし》の魂を奪うかのようです」と述べている。

文化的ショックと言えば、渋沢がナポレオン三世の威厳さと豪華なる宮殿に畏敬《いけい》の念を抱く。舞踊会、にパーティに出席し西欧式の社交生活を経験する。

スイス・オランダ・ベルギーでは、工場と商業が国家のために何をなしうるのかを目のあたりにする。イタリアでは、造船所・工場・鋳鉄工場の豊かな潜在力に驚く。イギリスでは、ヴィクトリア女王と謁見する機会を得て、軍事式典にも参加し、繊維工場も見学する。そしてイギリスの国際的地位の高さを肌で知る。

ヨーロッパ滞在と各地訪問は、実業の世界に対しても渋沢に新鮮で新しい国際的視野を開けさせた。

このように経済的に繁栄する欧州の工業力、経済活動にカルチャーショックを受けた渋沢は、みずからも行動に駆り立てられる。ヨーロッパの産業のスケールの大きさに衝撃を受けた結果、渋沢は、以下の結論を出す。

（1）一国の「富と力の資源」の源は「商業」にあることを発見する。（2）強力な工業力は軍事的優位性を可能にする。（3）もし、日本がヨーロッパに匹敵するためには国を改革し、偉大さを達成しようとするならば、西欧の先端技術が絶対に必要であることを確信する。異文化と接し、その長所を学び、日本の国益となすよりほかにない。

渋沢が自らの一生を日本の近代化と経済発展のためにささげる決心をしたのは、これらの体験を通じてであった。これは、一種のショック療法とも言えよう。

彼の実家が、草木の葵などを売って歩く商売をしていたことも要因の一つであった。渋沢は、フランス滞在中に銀行の仕組みを学びマネーの集結によって国力をアップするという資本経済の威力とビジョンを抱くようになる。水戸学に基づく国家意識を培い、儒学や論語から人材活用法を学んだ渋沢は、国の発展のために資本集約的なビジョンを持つことになる。

渋沢は、一八七三年に第一国立銀行を設立するが、簿記については全くの素人であった。そのため頭取の仕事と業務は、有能な部下の佐々木勇之助に任せきりだった。

ちなみに、日本銀行の設立は、一八八二年に当時、後の総理大臣になる松方正義によってベルギーの中央銀行をモデルに設立される。松方もフランス滞在中に、フランスの外務大臣のレオン・セイと交遊を深め、セイの助言の基で日銀を創設させる。

松方正義の孫にあたるハル・松方・ライシャワーによれば、渋沢と松方は大蔵省の創設に多大な貢献をしたことを次のように記している。

「一八七一年以来、松方は井上馨、渋沢栄一らと共に伊藤（博文）、大隈（重信）の下で大蔵省経済・財政責任者として活躍したが、維新初期の大蔵省は実に多くのことを成し遂げている」（ハル・松方・ライシャワー『絹と武士』）

渋沢は簿記に関しては、お雇い外国人であったアラン・シャンドの指導を受けた。アラン・シャンドは、スコットランドのアバディーン出身のイギリスの投資家であった。一八六三年に来日し、一八七二年に大蔵省貨幣局の頭付付属書記として、イングランド銀行の複式簿記を、渋沢はじめ松方正義や高橋是清らに教えた。

渋沢もシャンヌから簿記についての講習を受けるが、長続きはしなかった。

ところで、渋沢の銀行に対するビジョンであるが、渋沢自身、壮大な銀行の新たなビジョンや利殖の才覚がなかったようだ。坂本慎一は、『渋沢栄一の経世済民思想』の中で、「渋沢に会社の経営を一つでも任せたら、かえって会社を潰していたのではないか」と指摘する。

ヨーロッパ流の社交性を磨く

渋沢はフランス滞在中、当時、日本社会では学べない欧米式の社交性に興味を持った。

渋沢は「…殊に政事、軍事、経済、社交を目的として熱心に勉強する決心であったが、祖国の政変の為めに其の目的を十分果たすことができず、中途にして急遽帰朝するのを止むなきに至ったことは実に遺憾千万であった」と述べている（『青淵回記録』）。

だが、実際には渋沢が残した『航西日記』によれば、パリ到着の一八六七年四月二十五日に招待された日本にはないヨーロッパ風の舞踊会。そこで見た男女を交えての「社交」界の雰囲気には圧倒された記録が残っている。

「此の夜、茶のえん涎はもっと尤も礼会の一なり。親族ちいん知音男女とも日をトし、茶酒を設け、相互に談笑談話して一宵を徹すなり。比会は身分により、交際の事務なども表向きの掛合にて、争論に至るべきも、歓笑中に波我水解する事ありと云。〈中略〉その懇親を篤くし、大に公私に資《たす》けありという。仏国にてハソワレーと唱う」

渋沢にとっては、パリで体験したカルチャーショックであったようだ。

フランスの食文化に驚く

渋沢栄一記念財団の関根仁氏よれば、渋沢は健康を保つため、朝食はクリームと砂糖を加えたオートミール、それにスープ約一合、半熟たまごを二個、焼きそば風の麺類、紅茶と果物というがメニューが中心であった。

昼食には、第一銀行時代も行員らとともに、和食よりチキンや肉類や魚、それに麺類を好んで食べたようだ。食事について、渋沢は「甘味及び脂肪分多き食べ物」を好み、晩餐では「天婦羅、鰻、ケンチン汁を好んで食するも、又芋、茄子等の野菜をも好む」と述べている。（『渋沢を知る辞典』）

朝食、昼食には和食ではなく、ほとんどの品目が洋食のヨーロッパ調のものだ。

渋沢がフランス行きの船にのった際、最初に受けたカルチャーショックは、「食文化」であった。広東では中華料理、セイロンではチキンカレーに挑戦する。好奇心旺盛な渋沢は、他の当時の日本人とは異なり、すぐヨーロッパ調の料理に抵抗もなく馴じんでいる。

『航西日記』によれば、フランス行きの船では、毎朝七時頃に砂糖入りの紅茶と、パンとハムとが給される。パンにはプールという牛乳を固めたものを塗って食べると記されている。プールとはバターのことである。当時の日本人の多くは初めてバターを食べた時、ニオイが強いため食わず嫌いになりことが多く、渋沢とは同じ反応をしなかったようだ。

さらに彼を驚かせたのが、ナイフ（包丁）とフォーク（銀鉾）、それに銀のスプーン（銀匙）を使って食べる食事スタイルであった。渋沢はケーキや多くの果物を含むデザートも好物となり「菓子蜜柑葡萄梨子枇杷其外数種」と記録している。

渋沢にとって、一番興味深かったのが、カフェで飲んだコーヒーであった。「食後はカツフヘエーという豆を煎じたる湯を出す砂糖牛乳を和して飲む…」と述べている。しかも、飲み終えた後、胃が痛くなるのではなく、胃がすっきりしたと記している。他の日本人はコーヒーの苦さと渋さに拒否反応を示しているが、渋沢は「甘党」であったため砂糖とクリームを混ぜて飲んでおり、ここフランスにおいてコーヒー党になった。

（2）日米の異文化交流・民間経済外交の架け橋

渋沢の活動は実に多彩だが、その中心はあくまでビジネスパーソンとミディエーター（調整役）としての経済活動であった。実業界の活動だけでも多岐にわたる。したがって、その全体像を限られた紙幅で紹介することは大変むずかしい。

渋沢が実業界に身を投じたのは、一八七三（明治六）年に大蔵省を退職し、第一国立銀行の創立に中心的な役割を果たし始めた時からである。一九〇九年の七〇歳を迎えた時を境に会社の役職や公職を辞職する（七七歳の時には第一国立銀行の頭取を辞職する。）

渋沢が国際関係で最も重要視していたのが日米関係である。カリフォルニア州に移民した日系アメリカ人の移民問題について日米協会をベースに、アメリカ西海岸に見る排日運動の鎮静化と問題解決を模索するため、終始一貫して、日米の友好親善関係の維持と促進に生涯を通して誠意努力する。

渋沢は、一九〇二（明治三五）年に日英同盟が締結されたのを機に、東京商工会議所会頭として夫人同伴でイギリス、ベルギー、ドイツ、フランス、イタリーなどを外遊しその途中アメリカを訪問する。渋沢六二歳の時である。

本人が本格的に日米関係に関与するのは、一九〇九（明治四二）年に五一名の渡米実業団団長として渡米した時からである。一九一五〜六年にはパナマ運河万国博覧会出席の途中、サンフランシスコを訪問し歓迎を受ける。最後の四回目はワシントン会議に参加するため訪米する。

一九〇二年には横浜からハワイに向かい、二週間後にはサンフランシスコに到着し、「極東のＪ・Ｐ・モルガン来訪」と新聞で報道される。そこでは、造船所を視察し、大陸横断鉄道でシカゴに向かい食品会社スイフト社を見学。大規模なオートメーション化された食肉工場施設に驚嘆する。その後、「鉄鋼の街」であるピッツバーグを訪問。アンデユルー・カーネギーの最大規模のＵＳスティールを見学し圧倒される。

六月一五日には、首都ワシントンで「日露講和条約」の仲介者でもあった親日派のセオドア・ルーズベルト第二六代大統領に面会する。また、アメリカの門戸解放製作者のジョン・ヘイとも面談をする。

ニューヨークでは、ルーズベルト大統領から紹介されたニューヨーク商工会議所のモリス・ジェサップ会頭、コンソリディテッド・ガス会社のアンソニー・ブレディ社長はじめ財界人と交流を深め人脈の輪を広げた。渋沢の最初の渡米で、アメリカの政財界を代表する経営者に会い、アメリカ経済の急成長さを肌で実感する。

渋沢は日米が手を結び、日本経済の近代化や民間の経済・経営人の地位向上という達成目標に向かって挑戦を続ける決心をする。また、渡米を通し、民間経済・経営人が国際関係の中で活躍するための組織づくりとパイプづくりに着手する。そのために日米の商工会議所を通し、アメリカの政界財界とのビジネス・文化交流を図った。

その次に渋沢が着手したのが「日米関係委員会の設置」であった。渋沢は、民間の経済外交を企業の社会的国際的責任として捉えていた。日米の民間経済人同士の交流が国際友好親善にもつながり、政治的問題も双方で交渉を通して話し合えば、課題はクリアできると確信していた。

ところで、渋沢らが渡米したアメリカは二〇世紀に入り急激な産業経済発展をする。米西戦争の勝利を機に中南米や太平洋地域に進出し始めようする若くてダイナミックな国であった。

アメリカ各地の訪問と視察を通して、世界一を目指すアメリカの実体を感じ取った渋沢は、約四〇年ぶりに訪問したヨーロッパに比べ、アメリカは近い将来日本の運命を決める国であることを直感で感じとった。特に第一次大戦後、日米関係が単なる二国間の関係ではなく、その枠を超えたアジア太平洋の地域のみならず世界の政治や経済に重大な影響を与えることになることも感じとった。

そして、七〇歳を迎えた渋沢を待っていた仕事は、国内ではなく、（1）グローバルな視野に立って日本のビジネスの国際化に向けて精力的な活躍をすること（2）日本の実業界やビジネスが海外で評価されるためのグローバルな世論づくりと国際的な人的ネットワークの構築であった。

そのファースト・ステップとして渋沢に与えられた任務が「渡米実業団団長」として五〇名の実業界の一行を伴ってのアメリカ訪問であった。一行は一九〇九年八月から十一月までの三ヶ月の間、アメリカ全土を訪問するため太平洋を一路アメリカへ向かった。

渋沢は国際交流と民間外交の旗手として、大国アメリカを相手に異文化ビジネス交流のノウハウを模索することになる。最終的に、一九二四年（大正一三）年に排日移民法が成立するまで、アメリカの財界・政界の首脳やトップを日本に招待し、日米の相互文化理解を深めるための協議を行い、日米友好親善のベースを築いた。

渋沢は、日米の交流事業は専門家に任せ、自分は運営資金などの面で問題が生じた際には関与しバックアップをするというスタンスを維持した。

渋沢が七七歳の時に、一九一六年に創立された日協会の副名誉会長として活動に関与し協力者となる。同協会の会長には、ポーツマス講和条約の際、小村寿太郎日本全権大使の片腕の一人としてセオドア・ルーズベルト大統領と日本政府の間の仲介役を務めた金子賢太郎が選ばれる。

現在の協会名は、「全国日米協会連合会」で、北は北海道から南は九州まで全国には計三八の日米協会が存在し、日米間の友好親善の促進を目的とした文化・教育事業や、講演会、シンポジウム、ビジネス交流やその他の人的交流プログラムを行っている。


二〇一六年には天皇皇后両陛下、首相夫妻、財界・政界の関係者らが会員とともに創立百周年記念事業を行った。アメリカ本土には三八の米日協会があり、日本の日米協会と同様な活動を行っている。戦後、歴代の会長は総理大臣が務めたが、現在は前米国駐日大使が務めている。

二年に一度、アメリカと日本において交互に「日米協会国際シンポジウム」を開催し、基調講演やパネル・ディスカッション、ワークショップなど、日米の経済や外交、教育、文化事業など、渋沢や金子の意志を継いで、長期的な展望に立った視点から多角的に話し合い、21世紀のパートナーシップ構築に向けて相互理解と友好を深めている。

（3）二人のグローバルな先見力と知恵

ドラッカーと渋沢は先見力の持ち主である。二人の先見力のベースは、その知識、知恵それに思考がグローバルに、かつユニバーサルに広がっていることであり、言いかえれば普遍性を持っていた。

渋沢のそのグローバルな先見力は、前述したフランスの滞在期間に培われたと言える。

ドラッカーのケース

ドラッカーの場合、オーストラリアで生まれ、政府高官の父のもとで、オーストリアの古き良き前世紀のヨーロッパの中軸にあった豊かなヨーロッパ的教養を身につけた。

その後、イギリスに渡り、マーチャント・バンカーや経済の専門家として実際の投資ビジネスにも関わり、ケンブリッジ大学で教鞭を取っていた世界的に著名な経済学者のジョン・メイナード・ケインズとも知り合いになり、経済の講義を聴講する機会も得たりする。

かと思えば、ジャーナリストとしても活躍し、大英博物館の日本の美術に魅了され凝《こ》ったりする。さらにアメリカに渡るやいなや、アメリカにおけるヨーロッパの優れた魂が集合すると言われたバーモント州のベニングトン女子大学では有名な心理学者のエーリッヒ・フロムと共に教壇をとる機会もあった。

したがって、ドラッカーの場合、アメリカやヨーロッパだけの経営ではなく、日本も含む、より視野の広い地球軸を持った総合力ともいえる先見力をベースに多くの経営理論を生み出した。

ドラッカーも渋沢も、人びとに刺激を与え、啓発してくれる人物である。と同時に、変化する時代に生き抜くための指針となるアドバイスや知恵を提供してくれる。

ドラッカーは、人びとに対して現実的なアドバイザーとして知恵を駆使し、卓越したガイダンスをしてきたのである。

ドラッカーは、ベター・アイディアは、知恵から生まれ、ビジネスの最大の資産であることを知っていた。一般の人は多くのアイディアを思いつくが、それを検証して実践に移す前に捨ててしまうと言う。彼は絶えず課題の解決策を探し求め、思いついたアイディアを大切にし、価値があると思うと、即可能性を検証し、実際に試みていた。

ドラッカーも渋沢も、読者にとってコーチやマネジャーとして、またはリーダーとして組織や社会に対して何をすべきか?この困難な時代に、どうすれば成果をあげられるのか、また、組織や人間関係や個人の悩みや課題などに対しても答えてくれる。

ドラッカーはコンサルタントを務めたことのあることからも分かるが、ドラッカーが伝授するマネジメントやイノベーション、経営学の発想は、常に進化し続けている。

渋沢のケース

渋沢の場合、パリの滞在中は、公使の徳川昭武ら使節団一行の会計も担当するわけだが、使節団の懐《ふところ》は全く寂しい状態であった。しかも、当時パリの物価の値段は、東京の物価の五〜六倍であった。日本を出発する際に五万ドルを持参するが、パリ滞在二カ月で、ほとんど使ってしまっていた。

そこで幕府はフランスから六〇〇万ドルを借りいれる。渋沢は、いずれ財政が底をつくことを察知した交渉人としての渋沢は、賭けにでる。日常の生活と会計のアドバイザー役のフリッリ・エラールと相談をし、国債と鉄道の社債を買う。そして国債は一年ぐらいで利子がつき、大衆から集めた社債は営業成績が良ければ配当金がつくことを学ぶ。そして、即、二万フランを投資した。

渋沢は回想する。「買い入れておいた公債を売ったところ、国債の方は、前に買い入れた時と変わらなかったが、鉄道債の方は相場が上っていて、五、六百円も儲かった勘定になりました。」（山本七平『渋沢栄一近代の創造』（祥伝社、平成二一年）

この時、渋沢は公債というものがいかに経済上、便利なものであるということを学び、使節一行のフランス滞在が可能になった。

つねに幕府は財政的に行きづまっていた。今度は、公使の昭武の留学費も底をつく状態となる。駐仏外国奉行の栗本安芸守に頼んだ資金も当てにならない状況だった。関係者達が途方に暮れたとき、渋沢はあることを思いつく。

高利貸しもしている国元の父親、市郎右衛門に依頼するという案である。渋沢は即、父親に、「今手元には公使の費用は、ある程度資金が残っているが、先のことを考えると心許せない。したがって、ご配慮願いたい」という主旨であった。

すると、父親から早速、「家をも田畑をも売代なしで、成るべき限り黄金《あたま》送るべし」という吉報が届き、事が一件落着する。将軍家の面目も保たれたのである。

(4) 異文化交流に欠かせない二人のユーモア・センス

国際社会に通用する要素の一つがユーモアである。ドラッカーも渋沢もユーモア・センスを兼ね備えていた人物である。渋沢が明るい性格で、話好きでユーモア・センスとウイットの入ったスピーチが得意であったことは意外と知られていない。

ドラッカーのユーモア・センス

ドラッカーは慈悲深く、気さくな性格の持ち主であった。ユーモアも交えて会話ができる人物でもあったので、ドラッカーに会うと気分がスーッと楽になるという人が多い。彼の弟子のジャック・ビーティもその一人であり、ドラッカーの性格とユーモアについて次のエピソードを紹介している。

ある暑い日、ニューヨークから三人の若者が南カリフォルニアにあるドラッカー邸を訪問した。裏庭にプールがあった。彼らは新しいビジネスに立ちはだかる問題についてドラッカーのコンサルタントを求めるために訪問した。

すると裏庭のプールの中から、ドラッカーが彼らに向かって「プールの中で相談しよう」と言い出した。そこで、若者の一人が「しかし、われわれは水着などもってきておりませんが…」と返事をすると、ドラッカーはユーモアを交えてこう言った。

「私も水着はもっていない。でも、まあいいじゃないか。男同士だし」

四人はプールに飛び込み、涼しさを味わいながら語りあった。男同士の「裸のつき合い」を通してことが進む。やがて、ドラッカーの夫人ドリスが戻ってきた。

ドラッカーは声を張り上げこう言った。「帰って来たのか、ドリス。裏庭に面白い若者三人がきている。顔を出してちょっとあいさつしなさい」

ビーティ曰く、このエピソードからも、「ドラッカーにコンサルティングしてもらうことは忘れがたい経験になる」（『*The World According to Drucker*』）

なお、コンサルタントしてのドラッカーは、時折、日本の「柔道」を例に喩《たと》え、小さなノミが像に勝つ方法を次のようにユーモアを込めて語ったことがある。

彼は、たとえ安定し確固たる地位を保持し、お山の大将になっている大企業でも、小さな企業に追い越され、その業界のトップになることがあり得ると断言する。

その昔、「大きいことは良いことだ！」と断言していたアメリカが世界的に誇る有名な大型コンピューター生産会社があった。ＩＢＭである。そのＩＢＭの大型コンピューターに対し、「スモール・イズ・ビューティフル！」を売りにし、手軽に持ち運びができるラップ・トップ・コンピューターを生産した日本の会社があった。東芝である。

ＩＢＭは東芝に追い抜かれ、逆転劇が起る。ノミが像に勝ったのである。

ドラッカーは、登山愛好家としても知られている。北海道のニセコがお気に入りで、奥さんと二週間滞在したことがある。ある日ドラッカーは、日本人経営学者の小林薫氏に、「自分はスキーは苦手だが、柔道には惹かれるね。なぜなら、大企業の脇の甘さを衝いたり、うぬぼれ屋の企業を打つからだよ」とユーモラスに語った。

また、ドラッカーは、母国オーストリアの諺に「王様には二度呼ばれたら近づけ」というのがあるとユーモアを交えて言った。つまり王様には過りに近づくな——つまり、「上司の時間管理を忘れるな」「自分で上司の時間管理を行え」という暗黙の言葉以外の掟《おきて》だそうだ。上司は、部下のために割《さ》く時間を減らしたいと思っていることを忘れてはならないということである。

時間に関して、ドッラカーの「二倍の法則」というものがある。例えば、自分の部下に仕事をさせる時、一時間で仕上げろと言えば二時間かかる。また、一週間でまとめてくれと言えば二週間かかると心得て仕事をさせよ、という意味である。

また、ドラッカーの口癖は「己の時間を知れ」であった。あるアメリカのビジネス誌が時間管理をモットーとしているドラッカーに次の質問をした。

インタビュアー「暇な時には何をしてお過ごしでしょうか？」

ドラッカーは、ウィットを交えて「暇とは、どんなとこのことなのかね？」とユーモアで返答した。（拙著の『ドラッカーとシェイクスピア』産業能率大学出版、二〇一九年）

つまり、ドラッカーにとっては、暇な時間というものは存在しない。仕事がない場合には読書をしたり、好きな音楽の名曲を聴いたり、プールで泳いだり、その他の案件は計画をねり、集中して執筆活動に専念するということだ。

九一歳で亡くなるまで、常に忙しく、かつ人生を楽しんだのがドラッカーである。

渋沢のユーモア・センス

渋沢は語る。「知ることは、好むことにおよ及ばず、好むことは楽しむに及ばない。楽しんでこそ、そのものと一体となる」

渋沢は、数々のユーモアを交えたスピーチを行っている。

大事業を行うにあたっては、有能な片腕となる部下を持つ必要性と、その部下の真摯《しんし》さやパーソナリテなどの側面も観察できる「人間判定眼」を持つことが必要なことをユーモアを織り交ぜ語っている。

その一例を紹介したい。なお、ドラッカーも指摘しているが、部下がたとえ優秀でも、真摯さに欠ける部下は採用するなと述べている。（詳しくは、拙著の『ドラッカーがいま、ビジネスパーソンに伝えたいこと』（総合法令出版））

渋沢曰《いわ》く、「大事業を成す人は自己の腕前よりも、人間鑑定眼を備るを必要とするのである。一人の才能はいかに非凡でもその力に限りのあるものである。何もかも一人では捌ち得るものではない。人物をよく鑑別する眼さえあれば、部下に優秀の人材を招致することができから、我が働きを似てするよりも、好成績を上げら得れる」（坂本慎一『渋沢栄一の経済思想』二〇〇二年）

続けて渋沢はこう指摘する。

「自己の才能のある人は、得てして人物鑑定の才能が少ない場合があるという。大事業を成すには、人に挙げられるよりも人を挙げるほうが大切だ」

渋沢は自分では簿記ができなかった。だが、佐々木雄之助のような優秀な若者を見抜き抜擢した。佐々木は、やがて第一銀行の総支配人となり、大いに働いた。渋沢は佐々木に銀行の経営を一切任せた。

渋沢は、「佐々木のような優秀な人材を挙げたことは、自分自身の実務能力よりはるかに重要であった」とユーモアを込めて関係者に語っていたという。

渋沢のユーモアはアメリカ人にも受けた。渋沢は一九〇九年自分を含め五一名の渡米実業団の団長としてアメリカ各地を回りスピーチを行った。木村昌和によれば、団長としての彼のスピーチにはユーモアとウィットが必ず入っており、中には通訳泣かせのユーモアもあったようだ。（『相互理解への努力』渋沢栄一」）。

一行がウィスコンシン州の主要都市のミルウォキーでの歓迎イブニング・ディナーでのエピソードがある。この日、日本から一通の電報が届いた。日本に遠征しているウィスコンシン州立大学の野球チームが慶応大学と対決し二対三で負ける結果となった、という内容文であった。

そこで渋沢は、即席スピーチを行いこの話題を取りあげた。

「諸君御承知の通り、ただ今、当州の大学野球団の青年諸君は、三千里の波濤《なみじん》を蹴破って遠く日本に渡来し、勇ましく技を闘わしている。かく遊戯をする者までも日本に来遊せられることは実に愉快に堪えない。然るに実業家諸君にして未だどしどし御来遊なきは、実に遺憾とする所である」と述べ、一同から喝さいを得た。

渋沢は、このスピーチの中で一言も、野球の試合の勝敗について語っていない。かえって敗者をたたえ、加えて、アメリカの実業団の来日を要請する巧みなウィットで演出したのであった。

渋沢はスピーチには洒落を交えて話す癖があった。ミルウォーキーの商工会議所主催の歓迎イブニング・ディナーの席でも、日本実業団を自動車にて各種の「工場へ案内を受けた感想のスピーチの最後に「何を『見る』(Mil) も其規模の『大きい (Waukee)』さには、実に感服の外なし」と語り、日米の参加者の双方から喝さいの拍手を得たという。

以下は渋沢が、一九〇六年三月に日本女子大学校部の三年生以下に対しておこなった講話の一部であり、時折、ユーモアを交え語っている。

「良妻賢母」という言葉は、儒教的な女子には大学レベルの教育は必要ない、という考えとは異なることを、「御婦人」などというフレーズも交え、ユーモラスに乙女足たちに伝えている。

「御婦人の智識が増せば、其の働きが現れ、その働きが現れれば地位が進み、国の富みを増すと云う事になると云う考えが、微力ながら此処に力を致した所以である〈中略〉即ち諸嬢の学問は、御自身の進歩を計るのみならず良妻賢母となって、其の夫の上に、其の子女の上に、感化を及ぼしてやがて国家の智識を増し、利益を加ふる事は幾何であろうか。〈中略〉どうか諸嬢には十分御勉強あって、我れ我れの希望にお添へ下さいます様願ひます。（「渋沢男爵談話大意」『家庭通報』第五四号、一九〇六年）

「若い時から私は一日でも空に居ることは好みません」（「先ず生活の安定を保障せよ『自由評論』（龍門社、一九五五～一九六五年、別巻第五巻）

第4章

渋沢が試みた国益と国際関係強化の策

―米国を最重要視した理由―

この章では、渋沢が、なぜフランスなど他の国々とは異なる次元で、日米関係を最重要視したかについて言及してみたい。渋沢は、地球儀の上から日本の未来と経済発展をこれまで培ってきた「民間外交」と「国際関係」のビッグなスケールと視点で捉えていた。

その理由は、「栄一は第一次大戦後、日米関係が単なる二国間の枠組を超え、太平洋地域さらには国際社会全体の帰趨《きすう》に重大な影響を与えるのではないかと考え、経済界を中心とした民間で定期的に腹蔵なく意見を交換できる場を作ろうとした」のである。(『「日米関係委員会」渋沢栄一を知る事典』)

さらに特筆しておきたい点は、渋沢は欧州滞在から帰国後、アメリカへは日本の多数のトップクラスの実業家を率いて、日本の国益と国際関係とビジネス強化のための大事業として、長期訪問を含めて四度訪問している。渋沢はこの訪米を、日本の未来に向けての国家復興のための戦略的なビッグ・イベントとして捉えていた。

アメリカ訪問は他国訪問に比べ、力の入れようが全く異なることがわかる。別な見方をすれば、アメリカという国家と国力を地政学的に捉えていた。なお中国には、孫文や蒋介石との関係もあり三度訪問している。ただし、二人とも政治的理由から台湾に移り住むことになる。

フランス滞在は、渋沢本人も証言しているがあまり成果はなかった。しかし、銀行や株式会社、さらに公共事業のシステムや設立目的には大変感銘を受け、日本における「株式会社」の設立を誰よりも早く打ち出し「株式会社提唱者」に至る。

渋沢は株式会社を単なる机上の学問としてではなく、ドラッカーのごとくマネジメントの実践学として捉えていた。

渋沢は強調する。私は株式会社制度を学問的には学んでいない。銀行設立の腹案は、三井組などにあった。また、一八七一（明治四）年に伊藤博文らが、アメリカで調べた「国立銀行制度」をベースに渋沢と関係者らが、銀行条例を制定する。

渋沢は「伊藤公らが（アメリカ）で調べた銀行制度は是非採用したいものだと私は一点張りにその設立を希望した」と述べている。（渋沢栄一『雨夜だん讕』（長幸男校注）岩波書店、一九八四年）

「日本の商人は政治に支配されることなく自動的に進歩、発展すべきだ」と言うことが渋沢の生涯掲げた主張であった。この渋沢の主張のモデルを、フランスではなくイギリスに見た。特にイギリスの「実業家の企画を先ず進め、政府は其の利益を保護するを以て外交の主眼とする」とする政治の仕組みと、政治家を自制させる経営人の実力に注目したのである。

イギリスの財界人が信用を重んじ、自らの品性（紳士的態度や振るまい）の向上に努めてきたことが、世界中にその伝統と技を広げる結果になったことを悟る。

産業のダイナミズムな仕組みと発展性については、アメリカの産業界をモデルに日本の産業改革を推し進めることを決断する。当時、フランスは芸術とワインなどを生産する農業国としてはモデルにはなるが、こと産業発展については、アメリカをモデルにすべきことを悟った。渋沢にとって、アメリカ企業の多様性は目を見張るものがあった。アメリカは、イギリスやフランスと違い、州レベルでの動きや多国籍企業による先端的技術についてもトップ・ランナーであることを発見する。

渡米を機に国際交流と民間外交のきっかけを作る

「国際社会は、文化の価値観や信条のシステムが異質な要素を持つ国々によって成り立っている。そこには、慣習や目では見えない暗黙のルールやタブーや考え方の違いから生じる「偏見」、「先入観」、「無知」が文化摩擦を生み出している。そして異文化間の摩擦や紛争、戦争の多くが、民族や宗教、文化価値の違いが原因となっている。

そのような文化摩擦、紛争や戦争を平和的に解決するシステムを築き、それらを未然に防ぐにはどうすべきか？　渋沢は、それらの解決策の一端として、異文化交流や外交親善交流を促進すれば成しとげられるという信念をもっていた。

渋沢が渡米を機に、国際交流と民間外交の分野で旗手としての役割を果たすきっかけとなったのは、日露戦争後の日米関係にある。一九〇五年八月にアメリカのニューハンプシャー州で開催されたポーツマス講和会議において日露戦争が終結した時までは、日米関係は友好的であった。

しかし、その後、アジアの小国日本が大国ロシアに勝利をおさめたことは、東アジアのみならず太平洋をめぐっての地政学と国際関係に大きな影響を与えることとなった。

例えば、十九世紀までロシアはシベリア鉄道を敷設してアジアでの勢力拡大をはかった。このロシアの動きを最も警戒していたアメリカやイギリスは、日本を「アジアの番犬」として支援したのだ。

ところが、日本が日露戦争後、ロシアに代わり満州鉄道を手中におさめ満州進出を始めると、中国の門戸解放とフィリピン地域の防衛の視点から日本に対して警鐘を鳴らし始めた。

これに加えて、アメリカ国内では西海岸を中心に日本人移民が増加するにつれ、自分達の職も奪われるのではないかとい危機感と恐怖感もった白人たちの間に「黄禍論《こうかろん》」が拡がり、日系人排斥運動が起った。

そのため、一九〇七年から翌年にかけて日本側が移民を自主的に規制するという「日米紳士協定」が締結される。

その後、日露間のポーツマス講条約交渉の立役者であった小村寿太郎《じゅたろう》外相から渋沢に対して

「国民外交」の推進を要請される。

日米友好を目指していた渋沢は、この小村の意図や目的に即、理解をしめした。この時、渋沢は社会福祉や教育という日本国内の課題と同時に、国際関係においても「民」によって官をサポートすることを決意する。渋沢が「国際交流と民間交流の旗手」となった瞬間である。

渋沢は、自らが実業家であるとの立場から、日本にとって重要な国々や地域との関係強化のためにエネルギーを費やすことになる。最初に渋沢が意図してことは、最も親近感を抱き、経済上からも重要視していたアメリカとの関係の改善であった。

その手始めとして、実務訪問団の創立、アメリカの西海岸の商工会議所訪問団の日本訪問、日本の実業団の訪米などの実現に情熱を燃やした。

渋沢はアメリカを四度訪問している。一回目の訪問は彼が東京商業会議所会頭として外遊の時の一九〇二年である（この年に日英同盟が締結されている）。一九〇九年に五一名の渡米実業団団長として渡米。一九一五年～一六年にはパナマ運河開通記念万博博覧会出席にためサフランシスコを訪問。最後の四回目の訪問は、一九二一（大正一〇）年にワシントン会議が開催された時である。その時、渋沢は八一歳であった。

これら四回の訪米中に、渋沢はアメリカの政界・財界など各界の指導者との交流を通して、日米協調と異文化交流、ビジネス、教育交流の重要性を訴えたのである。

渋沢はその後も日米同志会会長、日米関係委員会、太平洋問題調査会、日米協会などをベースに、アメリカ西海岸に起きた排日運動の鎮静化と排日移民法成立の阻止を中心課題として、終始一貫して日米の友好親善関係の維持と促進に貢献する。

ちなみに、日米同志会は、一九一三年に、カリフォルニア州議会に提出された排日土地法案の成立を阻止するために、アメリカ連合通信、ロイター通信、ニューヨーク・ヘラルド社らのマスコミ報道関係者を招き、日米両国の異文化誤解を解消するために協力を求めた。

渋沢は、アメリカのマスコミ関係者との接触を機会に、日米同志会と全国商業会議所連合と手を組み、添田寿一と神谷忠雄をアメリカに派遣させた。二人は、カリフォルニ各地を一か月間かけて回り講演し、不公平な扱いをされている在米日本人に平常心を取り戻すよう呼びかけた。首都ワシントンも訪問しウッドロー・ウイルソン大統領、ウイリアム・ブライアン国務長官、セオドア・ルーズベルト前大統領、ニューヨーク商業会議所、マスコミ報道関係者らとの会見を積極的に推し進め、日本の立場への理解を求めた。

しかしながら、アメリカでは、一つの州には州の独立性と権限があるため、アメリカの連邦政府が本案の発議までには至らなかった。一九二〇年の十一月には、農業地から日本人を駆使することを目的とした第二次排日土地法がカリフォルニア州議で成立する。

日系人たちによる訴訟策にしびれを切らした渋沢は、この知らせを聞いた一九二一年一〇月、単独でワシントン会議のオブザーバーとして渡米する。この年、渋沢は八一歳になっていた。

ワシントンでは、ウォーレン・ハーディング大統領はじめ上院議員、財界人、学者、キリスト教関係者、加えて排日派指導者などとの交換を行った。また、米日関係委員会との会合を通して、日系移民問題について突破口を探ろうとした。しかし、残念にも、渋沢の四度目となる渡米は期待通りの成果は得られなかった。

不幸にも一九二二年一〇月にアメリカ最高裁は、在米日本人が帰化不能外国人であるとの烙印を押す判決を下した。一九二四年五月一五日にアメリカ議会上下院において「排日移民法」が可決されてしまう。この法案によって、その後、ワシントン州、アリゾナ州やテキサス州、また東部のデラウエア州などでも排日土地法を制定し始める。


渋沢は、あらゆる人脈を活用し、他の誰よりも熱心に移民法阻止の活動を繰りひろげた。そのため、彼は誰よりも激しくこの法案の成立に衝撃を受けたという。

今では、「世界の中の日米関係」と称されているが、当時、日米関係を悪化させた日系排斥運動の問題の根底には、無知から生じる両国民の「文化偏見」があり、それが紛争の源であった。ただし、偏見は、子供の頃から異文化交流や相互理解を通して深めることで減らすことができるし予防も可能である。それが、未来の異文化理解につながるものである。

渋沢のアメリカでの活動には、有力な協力者としてシドニー・ギューリックという人物がいた。渋沢と彼とは、長きにわたり親密な関係を保っていた。
「排日移民法」成立後の渋沢が取ったスタンスは、ギューリックなど親日家アメリカ人が行う運動を背後からバックアップし、アメリカ国内の世論の高まりを形成し、排日反対世論の高まりを期待することにあった。アメリカのメディアもハースト系以外の新聞社は上院の法案通過に民主主義の観点から疑問を持ち反対している。またアメリカ国民の中にも法案の成立に対して反対する人びとも存在していた。

当時のアメリカでは、十九世紀後半になると、これまでの白人のプロテスタント（清教徒）でアングロサクソン系の移民に代わって、カトリックやユダヤ教徒、それに東ヨーロッパやロシアからのギリシャ正教徒といった従来の移民とは異なる別の白人の移民グループも増え続けていた。そのため移民制限論が浮上していた。

ノーベル文学書を受賞したジョン・スタインベックの作品『怒りの葡萄』はオクラホマから農業を営むためにカリフォルニアに移り住む白人グループと先住の白人グループ同士の対立と国内異文化摩擦を扱った小説である。

日系人以外の白人たちに対しても、偏見の矛先が向けられていたことを忘れてはならない。

ちなみに、カトリック教徒であったアイルランド系移民はアフロ・アメリカンより低い地位であった。アメリカは建国時代以来、大統領の条件と言えば、先ずＷＡＳＰ（ワスプ＝白人で、アングロサクソン系で清教徒）であった。

この慣例を打ち破ったのが、アイルランド系で清教徒ではなく、カトリック教徒で若き情熱に燃え最強のアメリカを築いたとされる大統領、ジョン・F・ケネディ（通称JFK）であった。（詳しくは拙編著『ケネディの言葉〜名言に学ぶ指導者の条件〜』（東洋経済新報社）を参照されたい）

アメリカでの渋沢のカルチャーショック

渋沢がアメリカのサンフランシスコから大陸横断鉄道に乗り、最初に受けたカルチャー・ショックは次のような事実であった。
（1）アメリカの豊かさと広大な面積とスケールと「世界一を目指すという理想」であった。そのために、カリフォルニア以外の西海岸のオレゴン州のポートランドやワシントン州のシアトルにある商業会議所との関係者と交流を深める。シアトルでは、日本とシアトルを結ぶ「太平洋路線」を開設し、開港当時七〇〇〇人に満たなかった寒村が、一九一〇年には二〇万人を超す太平洋沿岸の第二の都市に成長する。
（2）自分が生まれ育った関東平野と比べものにならない大規模の農業と農地。

（3）工業力に圧倒される。特にナイアガラの水力発電向上とカーネギー鉄工所の資本集約的システムと国内需要の大きさ、エジソン電気会社訪問でアメリカの電気普及率の高さに驚く。

（4）アメリカの強さの秘訣は「移民社会」

（5）上層の良家生まれでハーバード大学卒で、しかも著書も出版しているセオド・ルーズベルトと会い、「頼れる大統領」として着目する。渋沢はニューヨークやシカゴでルーズベルトの紹介により、銀行、大企業、新聞社、その他各界の有力者と交流する機会を得る。例えば、ニューヨーク商業会議所、ハノーバー銀行、アメリカン・トラスト社に渋沢実業団一行のために紹介状を送り、一行はニューヨークにおいて歓迎会などに出席する。

（6）アメリカの高等教育の環境の良さに驚く。東部のハーバードやプリンストン、イエールなどの名門アイビーリーグの大学や西海岸のカリフォルニア大学ロスアンゼルス校（UCLA）などその他を訪問する。特に、フィラデルフィアでは、フランス生まれの実業家でスティーブン・ジラード銀行を設立したジラードが慈善事業の一環として設立した「ジラード・カレッジ」に感銘を受けた。

ジラード夫妻には子供がいなかったため、一八三一年に遺産がフィルデルフィア市に寄付された。渋沢は、四〇エーカーの大きな敷地のジラード・カレッジに圧倒される。

当時日本の新聞では「アメリカ人の実業家は拝金主義者で道徳がない」と報じられていた。渋沢はアメリカにも「慈善事業を行う、徳のある実業家」がいたことに感銘を受け、日本の民間ビジネス関係者にも見せたいと感じた。

このように渋沢にとって初めてのアメリカ訪問は、彼の対米イメージと米国認識を形成する上で、多大な影響を与えた。彼はアメリカの経済界との交流を通し、民間ビジネス外交の重要さを肌でしることになる。

アメリカと世界経済を動かすカーネギー、ロックフェラー、ＪＰモーガン、ジェームス・ヒルなどには会うことができなかったが、アメリカの新聞ニューヨーク（ＮＹ）ヘラルドは、渋沢のことを〝Great Financier of Japan is here〟と「日本のモルガン」と呼び、「日本経済を牛耳り、財政上における名望、地位は伊藤博文侯爵の政治上における地位、権勢に匹敵する」と評している。

アメリカ訪問後、渋沢一行はイギリスに向かった。（『渋沢栄一』木村昌人、一九九一年）

「渋沢が渡米後に考えたこと」

渋沢は、「新日本建設」の構想を胸中に秘めてアメリカから帰国する。

帰国後、渋沢がまず考えた構想は、アメリカ東部の経済界との交流促進であった。アメリカ東部の経済界に訪日の招待の可能性を打診。ニューヨークでは、水野総領事や一九〇七年に発足した「ジャパン・ソサエティ」（日本協会）が中心となり具体的に話が進んだ。

ジャパン・ソサエティの理事にはジアスターゼの研究で有名な高峰譲吉や新井領一郎らが中心となり話が進んだ。ジャパン・ソサエティは今でも、日米の交流に大きな役割を果たしている。渋沢も渡米の際には必ず訪問している。

次に渋沢は、経済界が交流するだけではなく、アメリカの世論に大きな影響力を持つ新聞記者五〇名を招待する企画を立案する。日米の報道関係者の交流は、日米の庶民に正しい情報を与え、長い目で見れば、日米関係改善にきわめて重要な効果があると信じた。

渋沢が民間の実業界に身をおいてから一貫して手掛けたことは日本経済の基盤固めであった。銀行を中心に製糸、紡績、肥料、セメント、鉱山、造船、海運、貿易、保険など、彼が手掛けた会社は、二〇世紀に入り経営が安定し始めてきた。

ただし、渋沢が留意したことが二つある。

一つめは、日本の軍事力過信に対する疑問。

二つめが、明治時代以降、一応のベースができつつあった日本経済の国際化の方向を探ることであった。

二〇世紀に入り、技術革新および進歩により、海上交通の発達、鉄道網の完成により国際化が一段と進み、人びとの移動が可能となり、民間人による国際交流、民間外交が行われるようになってきた。

アメリカの汽船会社社長のロバード・ダラーなどが初めて来日している。世界において経済交流と関係が密になると感じた渋沢は、イギリス、フランス、特にアメリカの経済視察をすることを決意する。

同時に各国の財界、政界の首脳や代表達との交流と民間外交を推し進める決意をする。これらの国との関係樹立が日本経済発展につながることを確信していた。

「日米の人脈とパイプ作り」

渋沢は、日米の実業家とのパイプ作りに多大な貢献をした。しかも飛行機が交通輸送として発達する前の船舶の時代のことである。それまで、日米の実業家の個人的つながりはあったが、組織間のパイプはできていなかった。このパイプは、それ以後の日米関係に多大な役割を果たすことになる。（木村昌人『渋沢栄一』一九九一年）

第一は、一九〇九年十一月二九日に日本の渡米実業団がサンフランシスコ到着後にアメリカ側と次の相互協定を作成する。

（1）双方の商工会議所連合は、協同で日米の貿易・ビジネス交流を促進すること。

（2）その目的を達成するために、双方に於いて各自の常任委員会は、役員を置き相互に連絡を執ることを決議した。また、サンフランシスコ商工会議所内に、米日関係委員会を設け、日本における同委員会の設立を推進することになった。

第二に、日米双方の実業家が両国の実情を観察すること。それによって、互いに相手国の重要性を認識した点である。

第三に、日本側がアメリカ太平洋沿岸経済界に期待したことがある。日本人移民の排斥運動の鎮静化に尽力してもらうことであった。

「渋沢と青い目の人形ストーリー」

一九二六年の二月四日にギューリックは異文化交流の一環として、日本の子供達からアメリカの小学校の子供達に送る「人形交流」計画を実行するために来日する。

ところがこの計画を問題視したのは外務省であった。外務省は、この人形交流がアメリカ国内の対日、対米世論を好転させるきっかけとなる反面、反発運動も起こる危険性もあると危惧した。

そこで、渋沢が日米政府間の外交のミディエーター（調整役）として再度登場する。

再登場の理由は、渋沢は排日移民法のいくつかの州議会での通過は、全米の国民の意志表示の表れとは受け取ってはいなかったからだ。

知日派のギューリックは、日本には古くから「ひな祭り」や「五月人形」の人形伝統文化が残っていることに着目し、日米の友好の印としてアメリカの児童から日本の児童に「親善人形」を送り、日米の友好親善と交流を結ぶ提案をする。

渋沢はギューリックの提案に賛同し、日本国際児童親善会を設立し会長となる。また日本政府もバックアップすることになる。一九二七年一月以来、「アメリカキリスト教協会連盟」を中心に、アメリカから約一万二千体の「青い目の人形」（親善人形）が届いた。そのため、渋沢自らが日米親善の希望を託し、「青い目の人形」と共に日本各地を自ら回った。

是澤博昭は『青い目の人形と近代日本　渋沢栄一とL・ギューリックの夢の行方』（世織書房、二〇一〇年）の著書の中で、三越呉服店のひな人形陳列会場で「青い目の人形」を歓迎する様子が報道され大きな反響を呼んだと記述している。

渋沢は会場に集まった一六〇〇人の子供達に対して、親善人形に託した思いを語った。また、日本からアメリカの児童に、親善人形の恩返しとして、市松《いちまつ》人形五八体が日米友好親善の印として贈られた。

この青い目の人形計画は、日本国内で悪化した対米感情を少しではあるが和らげる効果はあった。ただし、「日系移民排斥問題」の根底にある文化的偏見を取り除くために相互理解を深めるといったゴールは、日本の一般大衆の間にはまだ浸透されてはいなかった。「民間外交」の担い手となる日本の一般大衆は、まだ未熟でナイーブあったと言える。

渋沢は、語学は堪能ではなかったが、有能な通訳がいたため東京の飛鳥山にある自宅に多くの世界一流の人びとを招いている。

例えば、アメリカのユリシーズ・グラント大統領、ポーツマス講和条約締結に尽力したセオドア・ルーズベルト大統領、ウッドロウ・ウイルソン大統領である。その他の著名人としてインドの詩人のタゴール、台湾の蒋介石、その他にも大勢の一流人が渋沢邸に「民間外交」の一環として招待されている。

ちなみに渋沢は、対日感情を和らげるために、アメリカ以外でも隣国の清国経済界との交流も手がける。その後は、財界の大御所として助言者として日米摩擦といった日本が直面する大問題に対して自ら乗り出し、その改善と日米友好親善のために尽力した。九一歳で亡くなるまで生涯現役の活動を続けた。

欧米以外の渋沢の異文化人脈

渋沢は、欧米のみならず、インドの実業界を代表するタタ財閥を通して詩人のラビンドラナート・タゴールとも交流をもった。特にインドの綿花の日本への輸入と航路の開設をめぐっては、タタ財閥に協力を求め親交を深めた。

ちなみに、タタ財閥は親日派であり、アメリカとも親交が深い。タタ氏は、ハーバード経営大学院キャンパス内に学生寮を建築し寄贈している。

タゴールが来日するたび飛鳥山の渋沢邸に招きもてなした。中国では、革命家の孫文はむろん、哀世凱、張謇《ちょうけん》、それに台湾へ移り住んだ蒋介石など政財界らとの人脈があった。韓国では、渋沢が自ら関わった韓国の第一銀行、それに京釜鉄道を通しての実業家との交流があった。

渋沢の国際視野に基づく平和思想に影響を与えた異文化の人物と言えば、親日派のユダヤ系フランス人のアルベール・カーンである。渋沢とカーンとの間には、三度の異文化交流があった。二人が初めては会ったのは、一八九七年にカーンの来日した時で、二度目が一九〇二年に渋沢が東京商工会議所会頭として五ヵ月にわたってアメリカと欧州を視察した際、パリで三五年ぶりに再会した時である。カーンは渋沢を自分の邸宅に招き、パリ市内を案内し、オペラを鑑賞したりして、二人は交流を深め互いの友情を確かめあった。

三度目の交流は、カーンが再度、来日した時である。カーンは一八八八年から一八九三年にかけての数年間、金鉱やダイヤモンド鉱への投機を続け、一八九二年にはグード・ショー銀行の共同経営者となり、カーン銀行を創立。カーン銀行は一九〇九年と一九一二年に京都市の上水道改善のために資金調達を行う功績もあった。

カーンは、こうしたビジネスを通し、日本の金融界の指導者と「明治の男たち」の人的ネットワークを育んでいった。彼は大変な日本びいきであり、フランスの自宅に日本の造園師や大工を呼び寄せ、日本から家を移送し、本物の日本庭園を造園するほどであった。

このようなカーンの活動は渋沢同様、金融界や実業界のリーダーにとって期待をはるかに超えるものであった。銀行家カーンは一八九八年から、自分の人生と財産を「世界平和」を推し進める活動に捧げることを決意する。そのため「世界周遊奨学制度」を創設する。

この制度は、将来を担う次世代の若者達に世界を旅し、異文化に触れ見聞を広める機会を与えるものであった。「百聞は一見にしかず」をモットーに異文化の人びとと交流を深め、世界や異文化の現実を知ることで、将来を担う若者達が、寛容や平和とは何かを学び、それを将来、次世代の若者を教育する時に、学んだことをを伝えていくことができるだろう、とカーンは考えていた。

カーンはこの制度をフランスのみならず、ロシア、イギリス、アメリカ、それに日本の姉崎正治らの青年達にも奨学金が与えられた。早稲田大学の創設者であった大隈重同様、渋沢もこのカーンの異文化理解と教育を通して平和を学ぶ平和教育思想に感銘を受け、自己の国際交流の構想にも取り入れることになる。『渋沢栄一とアルベール・カーン』（渋沢資料館、二〇一〇年）

「日米中の経済協力と発展案」

渋沢は、日米中の経済発展の視点から日華実業協会の設立と関係改善にも尽力する。中国との関係を構築するために、革命の父である孫文と交流を深めた。そして、特にアメリカとの協調と競争を通し日中の経済基盤を確立することを中心課題とした。

しかし、一九一二年は中華民国が誕生し、その後、孫文・袁世凱との対立、中国の第一次大戦時の「二一ヵ条要求」に対する反発などがあり、日中平和友好の推進には多くの困難があった。

そうした状況下でも、渋沢は日中両国の関係を担うであろう中国人留学生へ惜しみない支援を続けた。

例えば、一九一九年には、学費が途絶していた学生達も含む中国人留学生六〇〇〇人がいたが、渋沢は彼らのために、寄付金四万六〇〇〇円を集め、「日華学会」を創設し、顧問兼会長となった。

「ドラッカーと渋沢の人生のターニングポイント」

ドラッカーの場合

ドラッカーによれば、「私は両親のお陰で、幼い頃から多様な人たちに接することができた。学校はほんの一時期を除いて退屈極まりなかったから、これが実質的な教育となった」彼の知的好奇心に火をつけた最初のターニングポイントとなる。

ドラッカー家の常連客の中には、ヨーゼフ・シュンペーターの著名な経済学者からノーベル賞受賞者のドーマス・マンや大女優のマリア・ミュラーなど、同時の時代を代表する著名人のゲストが出入りしていた。ただし、彼らは父親の知人、友人でありドッラカー自身が直接影響を受けた人びとではない。

最初のターニングポイントと言うべきか、ドラッカーは回想する。「ウィーンは十七歳までしかいなかったから、大人たちの仲間には入れなかった。いろいろな人たちと本当の意味で知り合うようになったのは、ウィーンを離れてからである。」（『20世紀を生きて』）

二つめのターニングポイントは、一九一九年（九～一〇歳）、二人の最高の女性教師との出会いである。ドラッカーの不得意や弱点を克服し、成果の上がる学び方を教わる。後に文筆家となった時に役だった技能などを教わる。学校の勉強には退屈する日々を送る。

三つめのターニングポイントは、一九二九年（十七～十八歳）に「パナマ運河」の論文が季刊誌に「掲載され「文才家」として登場し、新聞記者を経験する機会を得た時である。二〇～二一歳の時フランクフルトで国際法の博士号を取得。同時に、海外と経済ニュースの編集副編集長に昇格。ヒトラーを直接取材する。

四つめが、一九三三年（二三～二四歳）に、ナチスが政権を握ると即、ドイツを脱出。ロンドンで将来妻になるドリスと再会しへ移住する。日本人バンカーと知り合い日本文化に関心を持った時でもある。

五つめは、一九三七年（二七～二八歳）の時、アメリカに渡りイギリスのフィナンシャル・タイムズの米国特派員として新生活をスタート。一九三八年（二八～二九年）にファシズム、ナチズムの全体主義批判の書『経済人の終わり』を発刊。この書はイギリスのウインストン・チャーシルにも愛読され、英国紙「タイムズ」に書評を掲載し一躍、著者としての名声を得る。非常勤教員としてサラ・ローレンス大学で経済と統計学を担当する。

六つめが一九四二年（三二〜三三歳）家族とともにバーモント州のベニントン女子大学で、専任教授のポストを得て、学者の道を歩み始める。将来、経営、マネジメントに必要な基礎的な教養科目の研究を始める。翌年、一九四三年（三三〜三四年）米国籍を取得し、移住を決断する。同時期、ゼネラル・モーターズの企業調査を行い経営とマネジメントを理論と実践を肌で学ぶ。

七つめのターニングポイントは、一九五三年（四三〜四四歳）で初来日する。知日派を超え親日派となり、『変貌する産業社会』、五四年に『現代の経営』を発刊。これがきっかけで，日本をたびたび訪問することになる。その後、中国やアジア諸国にも足を延ばす。

八つめの節目は、一九七一年（六一〜六二歳）に一九四九年から教鞭を取っていたニューヨーク大学からカリフォルニアのクレアモント大学院に迎えられる。そこでは、再度コンサルティングを始める。

渋沢の場合

渋沢栄一にとっての最初のターニングポイントは、六〜七歳の時に父から漢文の素読を学び「大学」から「中庸」、論語二巻まで習う機会を持った時である。その後、尾高惇忠《あつただ》のもとに通い、「論語」や「四書御経」などを学ぶ幼年時代を過ごした。
十一、十二歳の頃には「通俗三国史」や「南総里見八犬伝」などを好んで読み、十四歳の頃には、書を通して多くを学ぶ。また、剣術、習字の稽古で毎日を過ごした少年時代。
二つめは、一八五六年（十六～十七歳）の時に農業体験、商売修行、実業実務の体験・学習するが、挫折の連続の青年時代であった。

三つめが、一八六四年（二三～二四歳）、一橋家に仕官する。渋沢は一橋家で二〇数年におよんだ農民の身分を打ち捨て、武士の身分を獲得する。しかし、貧乏ザムライ、サラリーマン時代を経験する。


四つめが、思いもよらず、一八六八年（二七～二八歳）、徳川昭武一行に随行しての欧州旅行、パリ万博に参加する。本人も異文化のパリ行きの機会を得た時の心境を「棚からボタ餅」として捉えている。その後も一年半少々フランスに滞在し異文化体験と共に欧州の実業界の実態を肌で知る。フランス語を少し習得する。

五つめが、帰国後一八六九～一八七四年（二九～三四歳）、欧州滞在体験を生かし、静岡藩、明治政府官僚時代を経験する。

六つめのターニングポイントは、一八七五年（三五～三六歳）、第一銀行取締役に就任し、三年後の一八七八年（三八～三九歳）に、日本に「財界」という企業同業者団体をつくり、商人の地位向上のため、加えて国益のために、東京商法会議所を八月に創立する。また、社会の福祉事業の発展のためにもエネルギーを費やす。

七つめ、最後の節目が、日本が世界と肩を並べる国づくりと国際的な人脈ネットワーキングを拡大し国富のために「なんでも見てやろう」の精神と目的で、一九〇二年（六二～六三歳）、夫人同伴で欧米視察。六月にセオドア・ルーズベルト米国大統領と会見。欧州とは違うスケールの大きいアメリカ産業から学ぶことを発見する。

イギリス、ベルギー、ドイツ、フランス、イタリー経由で九月に帰国。その後、即一九〇九年（六九～七〇歳）多くの役職を辞任し、八月には渡米実業団長として自らも含めて五一名の実業界有志を引率し渡米。

一〇月にウイリアム・タフト大統領に謁見。日米のビジネス交流をモデルに民間人も参加できる異文化ビジネスにとって必要な交流チャネルの多角化を図った。

第5章
ドラッカーと渋沢は
ポスト・コロナ時代を
どう予測するか

本書の原稿を執筆中に、前代未聞の「新型コロナウイルス」という、大感染流行「ペンデミック」が世界を襲った。震源地は中国の武漢であった。今回の新型コロナウイルス感性拡大によって、世界の経済に影響を与える国際政治のパワーシフトも起こっている。

前米国大統領のトランプ氏が十月三日に「まさか（坂）」のコロナウイルス感染にかかり余儀なく入院させられるという思わぬ事態も発生した。しかし、トランプ氏が自らマスク使用を軽視し、危機意識を持ってコロナ対策を怠ったことが、米国が世界一の感染大国となった原因の一つである。ジョー・バーデン大統領が誕生したため、米国の国内外の政治と政策のパワーシフトが起こり始めた。言うまでもなく、読者の仕事や生活面、その他においてもパワーシフトが起き始めようようとしている。

ところで、ドラッカーの口癖は「自分は神ではないので予測はやらない」であった。しかし、彼は常に世の大きな流れや変化については、「先見力」の持ち主であった。渋沢も同様に先見力の持ち主であった。

では、ドラッカーと渋沢の二人が現代に生きているとしたら、ポスト・コロナ時代をどう透《とう》察《さつ》し、われわれに対しどのような志を持ち、備えと提案をするのであろうか?

そこで、この章では、ポスト・コロナ時代の日本と世界を取り巻く社会の動向やイノベーションやビジョン、ミッション等に焦点を当て、二人が残した企業家精神論や企業経営論などを想起しながら探ってみたい。

ドラッカーも渋沢も「イノベーションには予期せざる成功、予期せざる失敗から学ぶことができるという点がある。このコロナ危機という大国難期をネガティブではなく、むしろポジティブに受け止め、新たなポスト・コロナの突破口を切り開け！」と提言するであろう。二人は、新型コロナ感染症がもたらす最も緊急性が高い重要な課題から対処せよと警告するであろう。

したがって、本章では、コロナ危機による経済的被害を盾《たて》に取り、これから活路が見いだせる領域として（１）コロナの経済危機ショックから生まれる日本と世界を取り巻く社会の変化、各国政府のコロナ危機への対応・対策、（２）「国際社会が仕切り役のない「Ｇゼロ」社会に向かうのか否か？　――コロナ後の国際社会の動向やパワーシフト――を探ってみる。なぜなら、世界の経済秩序が国の安全保障、言いかえれば、企業活動や産業の自国への囲い込みへと突き進むからである。（３）日本の国内問題の課題と対策、それに産業分野の変化とニュービジネス、それに日本が経済成長の一環として世界に向けて取り組むことができる事例等について取り上げてみたい。

「コロナの経済危機ショック後の社会の改革」

最初に強調したいことは、ドラッカーと渋沢は「経済危機は、社会の変革のきっかけになるであろう」と指摘するであろう。社会に新たなうねりが起き、われわれは変わらねばならない。読者も「脱皮しないヘビは死ぬ」という喩えもあることを想起していただきたい。

現在の内需が細り観光立国のように外需に依存する経済モデルでは、コロナ危機のような有事には非常に弱い。少子化で人口が減り、非雇用者が増えている現在、政府も内需拡を目指し、「経世済民」の考えの基本に立ち返り、多くの一般庶民を豊かにし、正社員を増やすための内需中心で経済を回す強靱《きょうじん》な国づくりを目指すべきだ。そのためには渋沢やドラッカーが試みた変革とイノベーションが必要だ。イノベーションにはリスクが伴う。が、イノベーションを行わない方がリスクが大きい。イノベーターは、リスクを明らかにし、それを最小限にし、経済なら経済、経営なら経営のリスクを最小限にする。

ただし、経済復活のためには、以下の三点も忘れてはならない。①「同じパイを奪い合うだけでは企業には未来がない」、②「シェア拡大の過当レースで消耗してはならない」、③「国内のみならず、海外シェアにもアンテナを張り、目配りしつつ戦え」であろう。

経済的ショックの歴史を振り返ってみると、人類はショックを経験した後に、比喩的に言えば、ショックが一つのバネとなり、社会変化やイノベーション（技術革新）のきっかけに繋《つな》げていることである。

一九七三年のオイルショックとドルショック、一九九〇年のバブル崩壊ショック、一九九七年のアジア通貨危機ショック、それに二〇〇八年の米国証券大手のリーマン・ブラザーズショックは、世界各国の経済活動に大打撃を与え、経済の景気が一気に落ち込み停滞が続いた。しかし、逆に、経済危機ショックは、社会に変革をもたらした。オイルショックの後には、省エネルギー法ができ、改善され、今でもハイブリッド方式やそれ以外の方式で省エネ製品が次々に生まれている。

リーマン・ショックの後には、これまで問題となっていた非正社員の賃金格差が改善され、大手では「同一労働同一賃金」が適応されている。アメリカでは、リーマン・ショック後に現代話題となっているグーグルやアップル、アマゾン、フェースブック、マイクロソフトなどのＧＡＦＡＭと呼ばれる斬新的なＩＴ（情報企業）が生まれ、世界の産業と経済構造が一挙に大変化した。

しかも、ＧＡＦＡＭ五社は、世界の株式時価総合ランキングで上位を独占するという、新たな社会現象をもたらした。

したがって、これからも、われわれのライフスタイルを変えるＤＸ（デジタルトランスフォーメーション）モード産業以外の新たな新産業が生まれる可能性がある。それらを論ずる前に、先ずは今回世界を一変させたパンデミックにに対抗できる社会作りを目指すための急務対策について探ってみたい。日本のみならず世界レベルのイノベーションを断行する必要がある。

「国際社会は仕切り役のいない「Ｇゼロ」社会に？」

もし、ドラッカーが今、「トランプ政権後の世界秩序はどうなるか？」と問われたならば、「これからの世界は、国際秩序のまとめ役となる指導国はなくなる社会にパワーシフトするかもしれない」と語ったであろう。

国際政治学者のイアン・ブレマーは、この現象を「Ｇゼロ世界」と呼ぶ（日経ビジネスコラム「賢人の警鐘」二〇二〇年八月五日）。

それについて、ドラッカーは、こう指摘するであろう。例えば、アメリカは、これまでは、国際社会の旗振りや世界の警察役を務めていた。

しかし、トランプ前政権は、その役割をやめて「アメリカ第一主義」をスローガンにアメリカの再建を優先してゆく政策を取ったため、世界は、ついに「Ｇゼロの世界」（主導国なき時代）状態になったわけである。さらに新型コロナで、世界分断のスピードは加速された。世界の多くの企業が、政府から資金を援助してもらわないと生き残れない状況に陥った。その一方でアメリカのライバルの中国は南シナ海、その他アジア太平洋海域で周辺諸国への挑発的な行動を繰り返している。

日本は、この一触即発とも言える地政学的危機の中のポストコロナにどうすれば復興できるのであろうか？

ドラッカーはこう説くであろう、「日本の生産性を引き上げ、潜在的な成長率を高めるためには、まず、デジタル技術で企業や社会を変えるデジタルのイノベーションが必要だ」

イアン・ブレナーもデジタルのイノベーションは、短期的には日本企業、特にテクノロジー企業にとってメリットになるという。その理由は、半導体など重要部品の世界におけるサプライチェーンが再構築されることになるからである。そのプロセスの中で、日本企業が従来に比べて大きな市場のパイを勝ち取れる可能性があると言う。

特に、日本とドイツが、そのチャンスのカギを握っているようだ。加えて、高速・大容量通信規格の５Ｇ通信網整備やビッグデータなど新技術の標準化においても、日本企業が相応の発言権を持つことになる。

その理由は、アメリカと中国が対立を深めて、世界の市場は分断され、規模が小さくなっていくからである。また米国側での中心的存在は、もともと開発力の優れる米テック企業であることに変わりないことである。日本の企業にとっては苦しい状況になるかもしれない。

それに対しての日本の取り組みであるが、バイデン政権は日本が中国とのより幅広い関係をかじ取りをするのを支援するであろう。バイデン政権も中国との政治的な紛争を避けるため新たな道を模索するであろう。

次に、（1）コロナ危機の中でトランプ氏が敗れた米大統選挙と（2）今後の世界の国際秩序の行方と「ニューデジタル・テクノロジー時代」に求められる経済と企業復興のイノベーション等についてドラッカーと渋沢の慧眼《けいがん》をとおして探ってみたい。

1. バイデン政権「米国が世界を導き同盟国と国際協調」

一国主義からバイデン政権の多国間政策へ

一つ忘れてはならない昔からの喩えがある。「アメリカが、くしゃみをすると日本は風邪をひく」、世界のスーパーパワーとしてのアメリカの動向と世界に与える影響は軽視できない。次に、ポストコロナ時代の、バイデン新政権の動向や政策、戦略を日米関係にも照らし合わせ言及してみたい。

二〇二一年の一月二十日、アメリカでは、アジア政策を軽視したトランプ大統領から、国際協調を重視し、日本並びにアジア太平洋各国との連携を目指すバイデン氏に政権がバトンタッチした。

（１）世界が注目した米大統領選で当選を確実にした民主党のバイデン大統領は、昨年の一一月二四日に次期政権での米国のリーダーシップの回復に意欲を示すことを世界のメディアを通して表明。翌日には外交・安全保障分野の主な人事を紹介し「このチームは世界を導き、かつてのアメリカを復活する準備ができている。後退することはない」と述べた。バイデン氏は日本を含む「同盟国と連携すれば米国は最強になる」とも強調した。

（２）「日米関係」に関しては、米ギャラップ社と読売新聞が二〇二〇年末に発表した「日米共同世論調査」によれば、日本側ではバイデン大統領の誕生を控え、期待が高い。高い理由について、元駐米大使で全国日米協会連合会の藤崎一郎会長は、バイデン政権で「国際協調」を旗印に、アメリカに指導力を発揮してもらいたいという願望が強いこと。また、日本は国連や国際機関を重視しているため、アメリカの気候変動サミットである「パリ協定」シやWTO（世界保健機関）復帰への期待があるからだと指摘する。（「対中政策・米の変化注目」『日米共同世論調査』読売二〇二〇年、十二月一八日）

また、バイデン氏が大統領選挙で勝利をおさめた後の、菅首相との二度にわたる電話会談で、「日米安全保障第5条は、尖閣諸島に適応される」と表明確認し合った事実は、インド太平洋の安定と地政学を考える上で重要な意味をもつ。また、バイデン政権は、対中姿勢を緩和したり、その逆に「民主主義対中国」という構図を作るかもしれないと言う。

（3）アントニー・ブリンケン国務長官も同様に、トランプ政権のアメリカ一国主義から方向転換をはかり、「米国単独では世界の問題を解決できない。そのためには、民主国家との結束と協力が必要だ」とも語った。

（4）新たに誕生したバイデン政権は、これまで世界経済を牽引《けんいん》してきた「米・日・英・加・仏・独・伊」からなるG7などの多国間のフレームワークの立直しを考案している。「インド太平洋地域」の政治的安定も念頭に置いたカマラ・ハリスの祖父の住むインドやオーストラリアを加えたG9の構想を打ち出す可能性もある。任期期間中、外交関係の外遊には、弁がたち、説得力もあり、加えて行動力のある副大統領カマラ・ハリスが、高齢のバイデン大統領の代理として活動することもありえる。

ちなみに、アメリカはバイデン政権が、経済成長政策の一環として十一カ国からなるＴＰＰ「環太平洋経済連携協定」に加盟するかどうか注目される。今回の大統領選挙で労働者の多いラストベルト（錆びた州）であるミシガン州、ウィスコンシン州、それにペンシルバニア州などを小差で勝利をおさめた関係上、当面ＴＰＰには即、再加入はしない可能性があるという見方がある。

もちろん、バイデン大統領は副大統領時代に、オバマ大統領の打ち出したＴＰＰ政策の推進者でもあり、今でもＴＰＰ加入については前向きだ。オバマ政権時代の狙いを想起すれば、「ＴＰＰがなければ、中国がアジアでルールを確立し、米国企業はアジア太平洋地域から締め出される」であった。日本政府は、トランプ前政権時代にも。「ＴＰＰ各国はいつでもアメリカの加入は歓迎する」であった。

バイデン大統領の「優先事項」は何と言っても対中国との貿易問題でり、同盟国と包囲網を築いて対処する方針だ。だが、対中圧力としてトランプ政権が多用した関税を新たに発動することには慎重だ。しかも、中国に貿易ルールを守らせる決め手となる手段はない。

アメリカが通商分野でリーダーシップを発揮するため環太平洋戦略的経済連携協定（ＴＰＰ）へ早期に復帰すべきだとの意見が強まってきた。しかし、バイデン政権が取り組まねばならないことは、米国内の経済救済、すなわち「国内投資」である。今回の大統領選挙でバイデン氏に投票した労働者たちの競争力を立てち直し、ＩＴ環境分野に三一・四兆円を投資し、三〇〇万人の雇用を生みだすことにある。

経済誌The Economicsによれば、バイデン氏がアメリカ経済運営で成功を収めるか否かは、新型コロナと技術革新という「二つの課題」が同時にもたらす変化にどう対処するかによるという。（二〇二〇年一一月一四日）

加えて、バイデン政権で外交問題を扱うアントニー・ブリンケン国務長官は、中国と北朝鮮に対して厳しい姿勢を持つことで知られる。今年二月六日の米中外相電話会議でブリンケン氏は、台湾を含むインド太平洋地域の安定を脅かす試みには、中国に責任を負わせると声明（ロイターＡＰ通信二〇二一年二月七日）。これに対し、中国側は猛反発した。米マサチューセッツ工科大学（ＭＩＴ）の国際政治学者のリチャード・サミュエルズによれば、バイデン大統領は中国の習近平国家主席を「悪党（thug）と強い口調で呼び中国に対し強い姿勢で臨むことを示唆している。（御手洗昭治『講義覚書・国際ネゴシエーション、二〇二一年』、札幌大学）

ブリンケン氏起用によって、中国と韓国を取り巻く環境の厳しさは増すだろう。中国は経済成長率を高めることが難しくなっている。そのため中国は、より多くのアジアの新興国を取り込み関係を強化し、需要を取り込んで自国経済を安定させなければならない。それが難しい場合、習近平国家主席の求心力は低下する。

そのような状態を避けるために、中国はＲＣＥＰ（地域的な包括的経済連携協定）署名に加えて、ＴＰＰにも韓国と共に参加する姿勢を明確に示した。しかしである、二月二日はイギリスが正式にＴＰＰに参加申請を行った。事もあろうに二月六日には、台湾もすかさず最も有利なタイミングで正式な申請を行う方針を表明（台北中央社二月二日）。そのため、ブリンケン国務長官は、アジア太平洋地域での孤立を食い止めるためにもＴＰＰへの参加にも意欲を示している。

ちなみに、国際法を順守する台湾が正式にＴＰＰに参加することになれば、中国がＴＰＰへの参加表明を撤回することになるであろう。その結果、世界の潮流に、特に国際政治のベクトルに変化が生じる。

2．バイデン大統領も中国封じで共和党と連携

知米派の北京大学の外交専門教授も米中関係を懸念

バイデン政権は、一月に新型コロナウイルス感染拡大の猛威が収まらない状況の中でスタートをきった。ワクチンが広く各層の人びとに出回るまで、アメリカ経済の損失は膨らむことが

予想される。さらに同氏は、一世代に一度の技術革新（イノベーション）に伴う難しい事業環境も引き継いだ。テクノロジーが日常生活や産業界に浸透していく流れは、新型コロナの感染拡大によって加速しているもののさほど注目されてはいない。

しかし、アメリカの二〇〇七～九月期の国内総生産（ＧＤＰ）は、幸いにも新型コロナ禍でマイナス成長に陥った前の期から急回復した。四月には十四・七％に達していた失業率は大方の予測より急速に改善され、一〇月には六・九％まで持ち直した。民間部門の雇用者数が九月と一〇月のペースで増え続ければ、一年以内に新型コロナ前の水準まで回復するという。

多くの経済専門家の予測では、アメリカ経済の二〇二〇年のマイナス成長率は、他のどの主要国経済よりも小さい。一例をあげれば、ヨーロッパのユーロ圏経済の落ち込みは米国の倍近くに達する。アメリカで新型コロナの感染が拡大し始めた当時は、収束してもアメリカ経済に長期的な影響が残ると懸念されたが、今のところその兆しはほとんどみられないという。

バイデン大統領は、既に昨年の十二月二日（日本時間）に、トランプ前政権が発動した中国に対する制裁関税を当面維持する方針を表明することをニューヨーク・タイムズ紙に語っていた。バイデン氏は当初、新たな制裁関税には否定的な考えを示してきた。しかし、中国の知的財産権侵害などの貿易慣行を是正するため圧力を継続する意向を示した。

米中対立は貿易問題に加え、ハイテク分野、中国企業への会計監査義務などの新法案が上・下院でも可決されるなど、多方面に広がっている。バイデン氏が引き続き中国に厳しく臨む姿勢を示したことで、米中の緊張関係は今後も続く見通しだ。

アメリカのコーネル大学で博士号を取得し、現在、北京大学の中国を代表する中国外交の第一人者のジア・チングオ教授までも、「バイデン氏は同盟重視を掲げており、米国と同盟国による対中圧力はトランプ政権時より強まるかもしれない」また、「（中国は）アメリカに広まった中国に対するのイメージを払拭するため広報外交に力を入れる必要もある」と指摘する。（読売「米中関係　緊張緩和の余地」二〇二〇年一二月六日）今後バイデン政権は、日本を含む多国間で対中国の包囲網を構築したい考えで、日本経済にも影響を及ぼしそうだ。

中国の米国内における技術盗用問題～政権も標的～

米司法省のジョン・デマーズ次官補（国家安全保障担当）は、十二月二日に技術盗用を巡る取り締まりを強化する中、中国の研究者一〇〇〇人以上が米国を去ったことを発表した。同氏によれば、技術盗用を巡る取り締まりを強化する中、中国の研究者一〇〇〇人以上が米国を去ったとも、アスペン研究所主催のサイバーセキュリティー関連会議で指摘した。

また、米国家防諜安全保障センターのウィリアム・エバニナ長官は同じ会議で、中国の工作員がすでにバイデン米政権の職員やバイデン氏のチームの関係者を標的にしていると述べた。

米国務省は九月に中国軍と関係があるとみられる中国からの学生や研究者の入国を阻止する取り組みの一環として、中国人に発給した一〇〇〇件以上の査証（ビザ）を取り消したと明らかにした。（ロイター通信「中国の研究者一〇〇〇超が出国、技術盗用規制強化の中＝米司法省」二〇二〇年一二月二日）

これらに加えて、「現代の国際社会は、国際ルールをかえりみない中国の振る舞いに苦慮している。中国の拡張主義や人権弾圧、経済面での問題行動を止めるには米国の行動が必要だ」とも語った。ブリンケン氏によれば、バイデン氏は、自由や法のルールや支配を重視する国々の先頭に立ち、中国に翻意を促すべく圧力（From the position of strength）をかけることもあるようだ。（NHKニュースウォッチ9「アメリカの多様性と実務性」二〇二〇年一一月二五日）

3．G7かG9・G10経済国・EU先進国の対中国シフトが起きる

イギリスのフィナンシャル・タイムズの政治コメンテーターのフィリップ・スティーブンズは、今回の新コロナウイルス感染拡大でアメリカ、ヨーロッパを含む西側諸国では、中国を友好国

とみなす国はなくなったという事実が浮き彫りになったと指摘する（日本経済新聞「コロナの敗者は中ロ首脳」二〇二〇年五月八日）

その理由は、感染の発生に対する中国政府の最初の対応が「事態の隠蔽《いんぺい》」だったことは、前トランプ米大統領の支持者の陰謀説を聞かずとも分かると言う。また、その後、中国政府が取った威圧的なマスク外交は自らの国には責任がないことを証明するのが狙いだった。しかし、情報開示が遅れた中国は「隠蔽」をしたという疑惑を強めただけだ。オーストリアなどは、四月二七日に国々の先頭に立って、ウイルスの発生源に関する国際的な調査をすべきだと、中国を「経済力で他国を支配しようとしている」と非難した。

また、ドイツの情報機関、連邦情報局（ＢＮＤ）は、機密情報の共有枠組み「ファイブ・アイズ」を構成する米英やオーストラリアなど五カ国の情報機関に、中国は新型コロナの拡大後、世界保健機関（ＷＨＯ）に対し、世界的な警告の発出を遅らせたと警告し、ＷＨＯの組織の大変革を求めた。

五月一四日付の「時事通信」によれば、トランプ前大統領は、新型コロナウイルスのパンデミック（世界的な大流行）への中国の対応を批判する姿勢を一段と強め、中国の習近平国家主席との対話は、もはや望んでいないとし中国との国交断絶の可能性にも言及した。

前トランプ政権は、今後出されるという報告書で決定的な証拠が示されれば、中国をさらに厳しく批判し、損害賠償などの制裁を加える構えでいた。

新型コロナ危機以降、中国は強硬かつ非合理な「戦狼外交《せんろう》」と呼ばれる政治行動を繰り広げ、国際法を無視し香港を弾圧した。その結果、イギリスとの関係が急速に悪化した。二〇二〇年は、中国が実行支配したと世界に表明している南シナ海のスプラトリー諸島のサンゴ礁を「国防用途島化」する計画の最終年度である。そのため、周辺諸国からの反発が高まっている。

二〇三〇年以後は、ＧＤＰ（国内総生産）でアメリカを抜くかもしれないと噂されていた。ところが、クリアしなければならない課題がある。中国共産党の一党独裁体制である。これが中国のアキレス腱の一つだと見なされている。

ところで、イギリスのジョンソン首相は、今年六月に同国で開催されるＧ７（先進主要７カ国）サミットで議長を務める。同首相は、サミットに三つの民主主義国であるインド、オーストラリア、それに韓国を招いて民主主義10カ国による「Ｄ10」サミットにしたい意向を示した。

現代の世界では、分裂を志向する力学が動いているが、ジョンソン首相は米国、日本とも手を組み結束を求める力学を追求するようだ。インドとオーストラリアが加わり、今後は「Ｇ９」サミットになる可能性もある。

4．中国の人口少子化が経済成長を止め民主化が進む

少子化と高齢化問題

中国では二〇一四年をピークにこれまで続いた「一人っ子政策」が問題視され、生産年齢人口は減少に転じる。その結果、中国の経済成長率が年々低下し、経済協力開発機構（ＯＥＣＤ）は、現在の四％から二〇三一年以降は二・四～二％まで低下すると予測されている。中国の人口は今後も少しずつ減り、アメリカに差をつめられる。

「若さ」のモノサシには、ランキング表の「年齢中央価値」を使う。二〇六〇年末にはアメリカの若さの「年齢中央価値」が三八・八歳、中国は三八・四歳になる。つまり、中国にとって、「高齢化」が今世紀最大の「難題」になるかもしれない。（「国連人口推計」二〇一九年）

これが中国にとっての一つめのアキレス腱である。

中国では、現在、高齢者の定義は六〇歳となっている。六〇歳以上の人口は約二・五億人で、日本の人口の二倍で「世界一高齢者が多い国」である。

加えて、二〇五〇年には、その数が四・八億人という驚異的数字に到達すると予想され

ている。その時は、ＧＤＰの二六％を介護や医療に投入する必要があると予想されている。二〇一九年末の政府の最新発表では、六五歳以上の人口もすでに一・八億人で、人口の一二％を占めている。今後、一人っ子の親世帯が続々と高齢者になるにつれ、その深刻さはますます増していく。

人口減少に伴い中国経済が低成長になると、インバウンド需要や日本からの輸出の減少で日本経済にも悪影響を及ぼしかねない。それ以上に中国にとって命取りにもなりうる課題が、「現政治体制」の行方である。中国自体、共産党一党独裁を維持できなくなる可能性もある。

これまで中国の国民が共産党の一党独裁を支持してきたのは、一九七八年から始まった鄧小平が行った改革開放路線によるものである。その結果、四〇年以上、経済成長を実現し維持することができたのである。国民も、言論の自由がないことに対しては、不満はあっても、「政府の言うことにしたがっていれば、日常の暮らしは良くなる」と信じてきた。

しかし、経済成長がストップすれば、政府は国民からの信任を失い、現政治体制の維持ができなくなる。経済成長が低迷すると、共産党自体が国民から信任を失い、生き残りをかけた民主化運動が勃発する可能性がある。香港が独立する可能もあり、欧米はむろん、日本を含む他の多くの国々は中国の民主化を歓迎するであろう。

これからの一〇年に備え、日本自身、霞が関のみならず、他の行政機関や民間企業は、少子化・人口減少がもたらす変化に対して英知を集め「備えあれば憂いなし」の心構えも基で、新戦略・構想を打ち出す必要がある。

また、自国の経済圏を世界的に拡大するための「一帯一路」構想は、二一世紀の「新植民地主義」と見なされている。その基本原則のままで多くの国々は、中国企業を受け入れない。

中国企業のグローバル化の課題

二つめのアキレス腱は、中国企業がグローバル化を推し進めようとしていることだ。ただし、グローバル化を推し進めるためには、情報を全部共産党に吸い上げられるような一党独裁体制が弱体化するプロセスと同時進行することが前提条件になる。

端的に言えば、中国共産党による一党独裁支配が終焉《しゅうえん》しない限り、加えて、世界から非難を浴びている香港問題が解決しない限り、中国は世界の支配者にはなれないのである。また、昨年（二〇二〇年）の中国の経済成長は、ＧＤＰ成長率で通年で約二％という一九七〇年に改革開放が始まって以来の低成長になっている。

水不足問題

三つめのアキレス腱は、中国の存続を脅かす深刻な「水不足」に陥《おちい》っていることだ。

二〇二〇年の中国の人口は約一三億人で、数年で一四億人になり、増加の一途をたどるとの見方が強い。また、今後の人口増加に伴って、その状況はますます悪化すると予測されている。中国の人びとが日常生活で使用できる水の量は一人当たり約二〇〇〇立方メートルである。これは世界平均の四分の一の量しかないという。中国は、大都市の環境汚染問題以外に深刻な「水問題」に直面するであろう。

中国には三二の大都市があるが、その中の三〇都市が水不足の状態にあると指摘されている。懸念されているのが、最も危機的状況にある北京である。まともな水が供給されない異常事態となっている。水不足は、中国の一般家庭の生活用水ばかりか工業用水にも発展することである。水不足は経済的に多大なコストを強いる。中国は国をあげて、シェールガス革命を期待している。しかし、その革命に必要な水がない。

アメリカ台湾と半導体、G5で連携し中国をけん制

米国政府は、二〇二〇年一一月二〇日に首都ワシントンで台湾当局間と経済対話の初会合を開催した。米台間の経済・通商面での連携を強化し、次世代通信規格「5G」事業や、半導体などのサプライチェーン（供給網）といった分野での連携協力に関して協議。この初会合の目的は、対中対立の焦点となっている分野で台湾との連携を図ることで、米中経済のデカップリング（切り離し）を進めるという思惑がある。

台湾筋の発表によると、米台は、双方でハイレベルな対話を継続する覚書も交わした。蔡英文（ツァイインウェン）政権は、米国のバイデン新政権に交代後も、トランプ前政権下で進んだ関係強化の流れを継続することを表明した。（読売「米対が中国けん制、5G半導体供給網連携協議」二〇二〇年一一月二一日）

5. アメリカ国内で中国企業の締め出し

中国系企業に上場廃止通達

アメリカの株式市場には二五〇におよぶ中国系の上場企業が存在する。しかし、ロータリー通信は、七月十四日に、トランプ前政権は、アメリカの上場企業の監査法人を監督する「公開会社会計監査委員会（PACOB）と中国証券監督管理委員会と中国財務省が二〇一三年に結んだ「覚書」を破棄すると発表（「財新」東洋経済オンライン、二〇二〇年七月一四日）。

その背景であるが、アメリカ側は、これまで長年にわたって、中国系企業の監査に関する中国本土の監査法人への立ち入り調査や、並びに監査記録のオリジナルの提出を要求し続けてきた。しかし、これに対して、中国側は二〇一三年以降、中国当局の監督下で行うことを求めてきた。さらに、監査記録の中で中国の国家秘密に触れるものは提出できないとの立場を貫《つらぬ》きとおし、アメリカ側の要求に対して一歩も譲らなかった（中国側がｗｉｎでアメリカ側がｌｏｓｅの関係にあった）。

米国から中国ネット関連企業の締め出し

二〇二〇年五月一三日には、米商務省は中国のファーウエイに対し、同社の取引を原則禁止すると大統領令に署名した。大統領令とは、国家の安全保障に脅威を与える相手との取引を禁じる「国際緊急経済権限法」に基づく措置のことである。

ファーウエイには、これまでアメリカ製の半導体が多数搭載されており、同社はこれを自社設計のチップに置き換えていく目論見《もくろみ》であった。しかし、今回の米商務省による制裁発動によって、その計画は封じられる結果となった。

八月六日にもトランプ前政権が、中国のＩＴ企業で動画共有ティック・トック（TikTok）を参加に抱える中国企業「バイトダンス」との取引を原則禁止すると大統領令に署名した。なお、ティック・トック（TikTok）に対しては、米企業への売却を迫った。今後、米国においてインド同様、アップルやグーグルのアプリストアを通してのダウンロードができなくなる可能性がある。

加えて、トランプ前政権の大統領令では、ＳＮＳ「微信（ウィーチャット）」を運営する中国企業の「テンセント」との取引禁止も打ち出し、中国アプリ排除の姿勢をさらに強めた。米国政府の最終目的は、国家の安全を守るための行動を取り、中国企業のアメリカ本土からの締め出すことにある。

6. イギリスの中国離れと日本への経済協力面の接近

イギリスも中国からのインフラ投資を見直す。つまり、一帯一路の相手国の重要資産を、最終的には手中に収めるような中国の投資や貿易政策、南シナ海での軍事行動は、ＥＵ（欧州連合）の中国への姿勢と態度を一変させたからだ。

イギリスでは、特に香港問題やコロナの初動をめぐって中国への懐疑論《かいぎろん》が高まった。その結果、イギリスは二〇二一年の元日に発効される新たな通商協定「日英包括経済連携協定（ＥＰＡ）」に一〇月二三日に署名した。イギリスにとってはＥＵ離脱後に初めて結ぶ通商協定となった。将来的には、日本側（イギリスからの輸入）が九四％、イギリス側（日本からの輸入）は、約九九％と同水準となる。

特筆すべきことは、日本車のイギリス向輸出にかかる関税も二〇二六年二月に撤廃するこれ迄の取り決めを維持する。また、日本からイギリスに輸出する鉄道車両や関連部品などの関税は、即時撤廃される。(Japan News on Japan-U.K. Trade Pact Amis to Avoid Negative Impacts from Brexit, Oct.23.2020)

イギリスは、ＥＰＡを足かせに、先述した次のステップのＴＰＰ（環太平洋経済連携協定）を軸にアジア太平洋での経済連携の拡大を狙う。コロナ拡大で、イギリス人も保護主義に直面した。イギリスも日本との連携やＴＰＰ加盟で自由貿易を守り、保護主義に対抗する勢力を形成する。

イギリスのドラス国際貿易相によれば、イギリスは、日英自由貿易協定（ＦＴＡ）の交渉をめぐって、データ流通の自由化を優先課題にあげている。つまり、これからは、日本の欧州連合（ＥＵ）の経済連携協定（ＥＰＡ）を上回る自由化を目指し、しかもデジタル貿易を促進する計画だ。加えて、今年の二月四日には、日英両国は、日英連携で「自由で開かれた太平洋」の実現に向けた協力強化で一致し、イギリス空母のアジア派遣を行う。

ちなみに、米国の安全保障の専門家で日米関係に詳しいマイケル・グリーンは、中国の情報隠しと、ウソが世界的なコロナ対策の遅れを招いたと言う前トランプ政権の主張が拡大し、「米国民の対中感情は劇的に悪化し、天安門事件当時のように、中国を戦略的な脅威だと見なすようになった」と指摘する。（読売新聞「米中の対立先鋭化」二〇二〇年五月八日）

さらに、イギリス政府は二月になるとイギリスにおける中国の国営放送の放映禁止を表明。中国もその声明に反発し、中国本土におけるＢＢＣ（英国）放映を禁止すると表明。

7．米国・ＥＵは「中国提案を押し返す」方針に

これまでは、米国やＥＵの対中政策は「共に何かに取り組もう」であったが、今では「中国からの提案は、押し返す」という政策に代わった。イギリスでも今回コロナウイルスに感染し、危篤《きとく》状態に落ちいったジョンソン首相に対し、中国からの通信やエネルギーのインフラ投資には反対の声が多々あがっている。中国の「一帯一路」は中国をユーラシア大陸の超大国にするという長期的な野望は、ロシアの欧州における地位を奪うことになる。

ちなみに、五月九日に世界の首脳一堂がモスクワに集まり、開催予定であった第二次世界大戦を戦勝七五周年記念式典は、コロナ感染の拡大のため余儀なく中止となった。

8. 欧州（EU）委員会、中国の投資に規制設ける

欧州委員会は、二〇二〇年六月一七日、外国政府から多額の補助金を受けるEU企業に対し、EU域内での投資や買収を規制する新提案を発表。自国企業に巨額の補助金を支給し、EU市場に攻勢をかけるのを食い止める狙いがある。

提案は、「外国からの補助金に関する競争の公平化」と題した白書で示された。三年間で二〇〇ユーロ（約二四〇〇万円）以上の補助金を受ける外国企業を対象にしている。例えば、EU当局が調査で「市場を不正にゆがめている」と認定した場合、課徴金や合併禁止などの是正措置をとることを明記した。公共事業については、当該企業を入札から排除する方針で、EUによる法制化を目指す。

白書は、「現在のグローバル化経済で、外国政府の補助金はEU市場の歪曲《わいきょく》を招いている。補助金が事業の買収を促し、投資決定に影響を与えるようになった」と警告。

EUでは国家補助金に支えられた中国企業が、特に新型コロナウイルス流行で域内企業が経営難に陥る中、電気自動車（EV）や人工知能（AI）など重点産業で投資攻勢をかけることへの警戒が強まっていた。三月末、EU首脳会議は「戦略的資産や技術を守る」として、対応

策をとる方針を決定。

中国に対するＥＵの警戒心は、二〇一六年、ドイツの産業ロボット大手「クーカ」が中国企業に買収されたのを機に高まり、中国投資に対する規制を求める声が高まった。また、二〇一九年の春には、中国を「競争相手」と明記するＥＵ外交戦略が発表されたばかりである。

ドイツのメルカトル中国研究センターによると、二〇一九年、中国からのＥＵ直接投資は一一七億ユーロ（約一兆四千億円）。二〇一六年をピークに減少傾向にある。投資先はかつて、英独仏の三カ国が投資先の大半を占めた。しかし、近年において北欧が急増。昨年は中国の不動産グループ「恒大集団」の傘下企業が、スウェーデンのＥＶ企業「ＮＥＶＳ」を買収した。

ポスト・コロナ時代の欧州委員会では、これまで、以上に中国の動向に対してアンテナを張って見守るチャイナ・ウォッチャーが必要のようだ。（御手洗昭治『講義覚書・国際ネゴシエーション、二〇二〇～二〇二一年』、札幌大学）

9．米・日・豪・印・英・仏・蘭・加・独の「連携強化」

二〇二〇年十月六日に日米豪印の四カ国が日本で開催された。中国は今回の「米・日・豪・

印」外相会合を通じて連携を強めることに警戒感を強めている。新型コロナウイルスの感染拡大後に日本を除く三カ国との関係がそれぞれ悪化する中、前トランプ米政権が呼び掛ける「中国包囲網」の強化につながる恐れがあるからだ。

中国は、米国などへの反発を強める半面、日本には接近姿勢を見せるなど圧力回避へ態度を使い分けている。一〇月二九日には、産官学研究会（座長・田中明彦政策対学院大学長）は、日米豪印にイギリスとフランスを加えた「米・日・豪・印＋英仏」の連携を強化した首脳会合を制度化する提言を政府にした。（時事通信「「米・日・豪・印＋英仏」を提言＝産官学研究会」二〇二〇年一〇月二九日）

これに加えて、「インド太平洋地域」で中国の軍事力の影響拡大をけん制するため、米国主導のアジア型ＮＡＴＯ（北大西洋条約機構）のアジア版であり、安保協議体で四つを意味する「クアッド（Quad）四カ国」（米国・日本・オーストラリア・インド）とカナダは、多国籍の対潜水演習「シードラゴン」（海の龍）の演習訓練を行っている（昨年は六回の演習訓練を行った）。

香港経済日報（電子版）は十月六日、今回の外相会合について「中国が米印豪の全てと衝突している中で、四カ国の安全保障対話で結束を示すと見込まれる」と報じた。国慶節（建国記念日）の連休中ということもあり公式な反応は出ていないが、あらかじめ第三国の不利益にならない形での枠組みであるべきだとくぎを刺していることからも、中国が今回の外相会合を注視しているのは明らかだ。

中国は現在、米国だけでなく印・豪とも対立を抱え続けている。インドとは、中印の実効支配線が通るインド北部カシミール地方ラダックで両国軍が衝突。豪州とは、新型コロナの流行をめぐり豪側が独立した調査を要求したことに中国側が猛反発し、緊張緩和への糸口すら見えない状況が続く。

米中対立や新型コロナウイルスの発生によって、国際社会における中国の孤立感が目立ってきた。中国はオーストラリアとの関係悪化に直面した。オーストラリアの場合、輸出の三四％が中国向けだ。経済の安定にとって対中関係は欠かせない。それでもオーストラリアが中国への批判を強めた。

ちなみに、フランスは、南太平洋のポリネシアやインド洋のニューカレドニアや仏領のレユニオンに領土と基地を持っている。だが、中国が南太平洋地域にまで「一帯一路」を掲げ進出を強めているため、物流を運ぶ「シーレン」が脅かされている。そのため、フランスは日本その他とも手を組み、南太平洋への関与を強めている。加えて、オランダも去年、アジア太平洋線戦略を表明したばかりだ。さらに、ドイツも自由で開かれた「インド太平洋シーレイン構想」に加わる可能性がある。

このことを考えると、安全保障面での対中不安、脅威論の高まりが深刻な問題となっている。

同様なことが多くのアジア新興国にも当てはまり、中国から距離をとる姿勢の国が増えている。中国側は、「米・日・豪・印・仏・加・蘭・独」連携が拡大することを懸念するようになった。ベトナムやニュージーランドなどが連携を深めれば、米国による中国封じ込めが進みかねない。それを回避するため、中国は本音として日本との関係は安定させたいことを望んでいる。

国内問題の課題と対策

コロナ危機後のワークライフ

リモートワークがきっかけとなって、時空間に縛《しば》られない働き方が広がった。このため、今後は仕事のワークスタイルが柔軟性をもった二刀流になる可能性がある。要は、自らで成果を上げるための、生産性が高まる場所やワークスタイルを選ぶ時代となる。どこで働くのか、ネットかリモートかなのかは目的ではなく、手段にしか過ぎないためである。

成果だけ出せばよいのなら、個人の力で頑張ればいい。しかし、組織として成果を出すとなると、個別に走ってもらうだけでは足りない。強いマネジメント力や、それが駆動するようなインフラを組織の中に持つ必要がある。加えて、ポスト・コロナ時代では、たとえ小さな企業であっても世界相手にビジネスを展開することができる。海外と直接つながる機会を捕らえ、アクションを起こすことがオンラインを通してジャパンブランドを売り込むこともできる。特にサプライチェーンのプレーヤーとして、自社を必要とする相手をジェトロやその道のプロと相談し見つけ、相手と繋がるという方法もある。

ドラッカー流と渋沢流のエンタープライズ型発想とモットーに学ぶ

企業と個人との関係は、どう変化していくのであろうか？　ポスト・コロナの時代には、成果やパフォーマンスで評価される時代となる。働いた時間の長さは問題視されない。そこで、働く人びとにとって重要になるのは、いかに短い時間やスパンで最大の成果をあげるかということになる。

組織や企業で働く人びと、今後、自分に与えられた仕事をこなすだけではなく、自ら職務能力を高めていくことを考える必要性が出てくる。加えて「セルフ・マネジメント力（自己統制力）」を上げるには、リモートワークであろうが何であろうが、成果を出せる能力が求められる。「スキルやキャリアの開発を会社任せるにするのではなく、自分で自分をトップの立場になってマネジメントする力が必要になってくる。

つまり、ドラッカーが説くように「マネジメントの担当者として、自分の道具箱の中に何が入っているかくらいは、十分に心得ていなければならない」のである。また、マネジャーやリーダーの有能さとは、自分以外の人びとの中に強みを発見し、その強みの上に仕事を築き上げてゆくことである。（拙著『ドラッカーがいま、今ビジネスパーソンに伝えたいこと』（総合法令出版、二〇二〇年）

一方、マネジメントに求められる内容も変わる。チームのメンバーを束ねて組織や会社としての成果を上げていくためには、以下の点が必要となってくる。

第一に、ビジョンとゴールを明確化し、各人の成果を引き出すこと。

第二に、時間の長短に関係なく職場の担い手の成果を正当に評価することが必要になる。

日本の企業ではこれまで、勤務年数の長くなった人が、適性や能力の有無に関係なくマネジメントポストに就く場合が多かった。

しかし、チームをどう動かすのか、職場での人の束ね方といったマネジメントの手法は、トレーニングとそのフィードバックによって初めて身に着くものである。したがって、ポスト・コロナ時代には、マネジメントのための人材を、意識的に育成していくことが求められる。

ドラッカーは説く。

①「資源の効果的結合によってしか成果は上がらない。」

②組織内に発生するのはコストのみであり、成果は外の市場でしか上げられない。

③人もモノも、重点的に集中化と適切なガイドラインや方向づけが必要で、それらなしでは雲《うん》散霧消《さんむしょう》してしまい、業績は上がらない。

④眼に見にくい頭脳集団を管理するには、使命—＞目的—＞ゴール（目標）を明確にして徹底化すること。

⑤特にホワイトカラーの生産性は、他からの強制ではなく、自主的に関心を持って自己投入しコミットすることによってしか上がらない。

「発想を切りかえ世界を救い挑戦したジャパンブランド開発の事例」

日本の企業が最大の重油流出事故を防ぐ世界初の商品開発

「ピンチはチャンス」という知見をも基に世界の危機を救った企業がある。次に、世界に向けてこれまでの常識を覆《くつがえ》す斬新的な発想を基に挑戦し、ジャパンブランドの良さを証明し世界を救い、挑戦した二つの企業の事例を紹介したい。

渋沢もドラッカーも以下のことを提案するであろう。「ポストコロナ時代には、日本の小さな企業も海外と直接つながる機会を捕まえ、アクションを起こすことがオンラインを通しても可能だ。特に、サプライチェーンのプレヤーとして、自社を必要とする相手をジェトロやその道のプロなどを通じて見つけ相談し、繋がるという方法もあることを忘れてはならない」と。

一つめは、「小さな日本の企業にも、世界の人びとが抱えている海の重油処理に関する問題を見事に開発した〈油吸着材〉で解決し、新たな異文化ビジネスで未来を切り開ける」ことを証明した「エム・テックス」社である。モーリシャス沖の環境回復に、日本の「災害時に強い製品」技術が大貢献し「スモール・イズ・ビューティフル」が「スモール・イズ・グレート」に転じた小規模企業が世界初「海の重油を吸う綿」を開発した事例である。

二〇二〇年、南アフリカに近いインド洋の島国モーリシャス島沖で日本の貨物船「わかしお」が重油流出事故を起こした。絶滅危惧種が数多く生息する豊かな海に約一〇〇〇トンもの重油が広がり、甚大な被害が発生した事件である。世界中のメディアが「甚大な被害が発生した日本の貨物船によるモーリシャス沖の重油流出事故」という題目で世界中にニュースを伝えた。そんな中、現地に油を吸収する「油吸着材」が提供された。その製品を開発したのが、社員数わずか一二名の救世主とも言える「エム・テックス社」である。

重油の海面流出大事件であるが、当初は地球の生態圏の重要スポットが環境破壊されたため、重油処理は数年かかるとの報道があった。しかし、同社が開発した油を吸収する特殊な繊維が現地に提供され環境汚染を防ぎ、世界の注目を浴びた。素材は、綿のような見た目で、水に浮いた重油は、たった一回で大半が吸い込まれる仕組みになっている。

同社の担当者である竹ノ下友基部長は、「ナノファイバーと呼ばれる、人間の髪の毛よりさらに細い特殊な繊維を素材としていると言う。水を吸わず、油のみ吸収する技術を開発し一昨年前から販売されている。今回の事故同社は、内外の政府関係者の方々からご連絡があったという。モリーシャスには、即二〇箱分、約一トンの油を提供した。実物の商品は、フワフワの綿のような見た目をしている。水に浮いた重油は一回で大半が吸い込まれ、うっすら残る油分も二〜三回で綺麗になる、特筆すべき点は、質他の徳高水を吸わないため、桶に強めに押し込んでも反発する感覚がある。加えて、プラスチック素材を使っているため、火に近づけると溶けてなくなってしまう。使用後は、産業廃棄物の扱いになる。今後、さらに多くの「油吸着材」をモーリシャスに届けるべく、二つのクラウドファンディングが始動した。一つはクラファンサイト「Makuake」で始めたもので、二四〇〇万円以上の支援が集まりすでに終了。現在は、ホームページ上で公開している「モーリシャス緊急支援プロジェクト」が動いているところだ。現地で油処理にあたるNGOとも連絡を取り、直接商品を送ることも決定した。

この製品は、「一日本企業にとっては「小さな一歩だが世界にとっては、人類にとっては、実に大きなステップである」。これは、一九六九年七月、人類で初めて月着陸を踏み出したアーム・ストロング宇宙飛行士の残した名言を、もじったものである。（Smart Flash「モリーシャス重油で脚光・社員一二人の会社が開発『油を吸う綿』、二〇二〇年九月五日」）このストリーは、たとえ小さな企業であっても世界相手に稼げるということを実証した事例である。主翼の上部にエンジンを搭載したことでとても素晴らしい効果が実現した。

二つめの事例は、世界に向け創業者のロマンを現実化させ、従来の発想を打破し開発したホンダのザ・パワーオブ・ドリームズの事例である。

これまで、小型プレイベットジェットの製造と言えば、カナダとブラジルのお家芸であった。ホンダジェットの性能の特徴は五つある。しかし、ホンダの米国子会社「ホンダエアクラフトカンパニー」が、他社が思いもつかなかった発想転換で勝負に出た。「エンジンの配置の選択場所」である。一般の常識では、エンジンの設置場所は「翼の下」か「胴体後方」である。が、ホンダは何とこれまで不可能でありえないと言われた「翼の上に」にエンジン置く方法を選んだのである。これまでは、航空機設計の世界において、空力的な干渉や衝撃波を引き起こすことから、主翼の上にエンジンを設置するのは常識と思われ避けられていた。エンジンを翼に配置することで、胴体後部からエンジン支持構造を排除することが可能になったのである。

その他の特徴は、①内部の空有間が他社のより広い。しかも、定員は、乗員一名、乗客七名（補助席一名と化粧室一名含む）②高速飛行時に発生する空の衝撃波や抵抗を軽減できる。③高い燃費性能で航続距離が、他社の小型ジェット機の場合、距離数は二〇〇〇キロであるのに対し、ホンダジェットは二六六一キロ。④企業同士が集まって必要な時だけ使うといったカーシェアではなく「エアーシェアー」も可能になるなどである。

創業者の本田宗一郎の空へのロマンが世界の求めるHonda Jetを生み出した。他社も、これからは発想の切り替え、ドラッカーと渋沢が提言する世界の消費者が求めるジャパンブランドの製品開発に挑戦してみてはどうか。

最新のニュースであるが「ホンダエアクラフト」は、日本時間二月二五日に、小型ビジネスジェット機「ホンダジェット」の二〇二〇年の納入数が三一機となり同クラスで四年連続の世界首位をキープした。

現在、我が国が国際社会の中で置かれた状況や、内外ともに時代の変革期にあることを考える時、数多くのヒントや教訓を得るには先人の渋沢とドラッカーの思想を再度、想起し紐《ひも》とく必要がある。

渋沢は、ドラッカー同様に企業という言葉を「エンタープライズ」と捉えていたと言える。

そもそも企業＝エンタープライズとは、「物事と人びとを一緒に合わせる企て」を意味する。

カンパニー（会社）という言葉も、フランスの経営教育学者のボブ・オーブレーによれば、元来の意味は「パンを分かち合う＝食事を共にする」という意味するラテン語のcom（コン）とpanis（パニス）合成語である。

この言葉は、カンパニー（company）＝仲間、同伴者、会社という言葉の語源になっている。

加えて、「アカンパニー」（同伴、伴侶）には、旅という意味が含まれている。同じ道を旅し、パンを他の人びとを分け合って、人は連れ（コンパニオン）となる。これは渋沢の人生哲学と類似する点が多い。

渋沢の経営思想は、別な視点で眺めてみれば、各層の人びとと付き合い、親睦を深め共に公益を実践し事業を広めていった。渋沢は、人びとは同行者を必要とし、同行する他者への道義上の義務を負うという思想を無意識の内に内在化していたのかもしれない。

渋沢にとって、企業するという創造的な活動をする際には、自分をめぐる社会の車輪を、ウマの合う知人や友人達の輪だけに縮めることはしなかった。また社会的奉仕という大義に対して行うチャリティやボランティアとして参加せよという呼び声を無視することもしなかった。企業家とは、渋沢のように奉仕の精神を持って働くことを意味する。

例えば、渋沢の寄付活動は合本法を貫いたことにある。一人で巨額なサポートをするのではなく、寄付した人びとが明記する奉加帳のトップに自分の名前と寄付金額を明記し、財界人や企業家たちに回覧させ、人でも多くの人びとから協力を得る手法をとっていた。

渋沢の貢献に関しては、これまでは、株式会社や銀行制度に関連させ「カネ」の側面にフォーカスを当て論ぜられていたが、一橋大学の研究センター発行の『渋沢栄一と人づくり』によれば、「しかし、実際に彼（渋沢）が貢献したのは、〈カネ〉の側面からだけではなかった。〈ヒト〉の側面からの貢献度も高かったのであり、工業化の担い手たちの育成、輩出にも大きな足跡を残したのである」

これは、言いかえれば、ポスト・コロナを生き抜くためには、自分自身と他者を管理し成長し、発展させることに責任を持つというスピリッツも培《つちか》え、ということでもある。

渋沢は、対人関係については、持ちつ持たれつの人間関係に力点をおいていた。より深い意味での企業とは、何を誰にサービスするかを選ぶという問いなのだと説く。ちなみに、ドラッカーも『ネクスト・ソサエティー』の中で「これからの乱世で組織が生き残り成功するためには、自からを改革の促進者（エージェント）に変えてゆかねばならない」という言葉を残している。

次に、渋沢とドラッカーの共通の理念を想起してみた場合、組織や企業の改革に関しては、以下の項目を共有していた。

二人は組織のイノベーションを推し進めるために、企業家やビジネスパーソンに、いかにすれば成果を上げられるのか？　そのためには何をすればよいのか？　を自問せよと説いた。そして成果を上げるために身につけるべき習慣的な五つの条件をベースに組織改革に臨んだ。

①自分に与えられた時間を有効にマネジメントすること。何に時間がとられているかを知る。

あまった時間の有効使用を考える。
②自分に期待されている成果は何か？　を考える。
③自分の強みを知る。自分の周囲の人びと（部下、同僚、部下）の強みを模索し活用する。
④仕事の優先順位をつけ、自分の得意分野からスタートする。
⑤成果を上げるための戦略（こて先の戦術ではなく）について決める。

ところで、渋沢のモットーは「会社は個人の私利私欲を図るものではない。広く人と財力を結集して、社会に公益な事業を興すべきである」であった。

ドラッカーも渋沢と共通する理念の持ち主であり、「企業の利益は、目的ではなく、企業が存続するための手段である」と断言している。利益がないと企業は存続できないが、かといって利益のために企業が存在するものではない。

これに関して、ドラッカーの弟子のジャック・ビーティも自書の中で、以下のように指摘している。

「ドラッカーが問題にしてきたのは、価値観、高潔さ、特徴、知識、ビジョン、責任、自己管理、社会の統合、チームワーク、コミュニティ、競争力、社会的責任、生活の質・向上、自己実現、リーダーシップ、義務、目的、尊厳、意義などであり、金銭について語ったことは、ほとんどない」(Jack Beatty, The World According to Peter Drucker)

おわりに

ドラッカーと渋沢の二人は、大きな時代の変革の中で、人間主体の経営の本質を見抜き、洞察力を強め、未来に向けてのフォー・サイト（foresight）を高め、人間の存在そのものを見極めようとした。しかも真摯《しんし》なスタンスと地球軸と時間軸をベースに。

二人は「世のため」と「人のため」のために多くの社会的貢献を続けた。

二人は、共に長寿をまっとうした。不思議なことに、二人が永眠した日も同じ一一月一一日であった。ドラッカーは渋沢の七五年後に、英語で言う土に還った（return to the soil）。ちなみに、今年は渋沢の生誕九〇周年の年にあたる。また、渋沢は二〇二四年から導入される「新一万円札」の顔となる。

二人とも現実主義者であり、「損して得（徳）取れ」を経営コンセプトをモットーとした。そして今、世界的に問題となっている資本主義や市場主義についてもこれを制御しコントロールし、社会の格差問題を縮めるための秘訣や知恵、それに鍵が、二人の思想の中にあると言える。

ドラッカーと渋沢の思想は、今でも生き続けている。

二人は、ポスト・コロナ時代の世界の経済と産業、医療、地球温暖化を含む環境整備の分野におけるイノベーションと世界の平和を願っていると思う。また、二人は、それ等の分野における課題や問題の解決には、「日本も世界の同志達と共に明治維新以来の試みとして、企業を含む民間のパワーとビジョンと知恵袋を集約し政府に要望する土台作りが必要不可欠だ」と断じるだろう。

さらに私たち現代に生きる人々に対して、「自分の組織や企業は、社会にとってどういう価値を持ち、何を以って貢献できるかを理解し行動することだ」と提唱しているようにも思える。

現在コロナ危機で困っている弱い立場のシングルマザーと子供達が増えている。一二〇万世帯いる母子家庭の貧困率は五割を超えるようだ。そんな苦境に立たされている母子家庭を支援すべく「ひとりじゃないよＰＪ」プロジェクトを立ち上げたのは、女性のエッセイストやビジネス関係者である。また、「子供食堂」も不足している。今求められているのが、日本の経営者たちからの社会貢献としての支援と協力ではなかろうか。

時代の一大変革期を乗り越えて、大きな成果をもたらした二人の先人の生き方は、ポスト・コロナ時代に生きるわれわれにとっても、良き指針となると確信する。これからの時代を創意工夫を凝《こ》らして難局を生き抜いていただきたい。

最後に、本書の編集と刊行にあたっては、池田雅行社長に大変お世話になった。この場をかりて心より厚く御礼申し上げたい。

御手洗　昭治

◆ドラッカーの年譜

一九〇九年（〇歳）　十一月十九日、オーストリア・ハンガリー二重帝国の首都ウィーンに生まれる。父アドロフは政府の要職者、母キャロラインは医学専攻の才女。

ドラッカーが生まれた年は、渋沢栄一が六八歳の時である。

一九一三年（3～4歳）　本を読み始める。

一九一四年（4～5歳）　家族のアドリア海で休暇中に第一次大戦勃発。父アドロフは経済復興の政府高官三名の中に配属され工業製品を担当。

一九一五年（4～6歳）　ウィーン郊外の公立小学校に入学。『ガリバー旅行記』などの作品に夢中になる。

一九一八年（8～9歳）　精神分裂の父で心理学者のジークモント・フロイトと会って握手をする。母カロラインがフロイトの講義を聴講したことがあり、その縁で会う機会を掴んだ。文字が下手であったピーター少年を心配した両親は、ウィーン市内の私立小学校に転校させる。ピーターに影響を与えることになる二人の女性教師のミス・エルザとミス・ゾフィーに縁あって出会う。この年の十一月に第一次世界大戦が終了する。

一九一九年（9～10歳）　文字の書き方が水準まで達したので、ラテン語が中心のギムナジム進学予備校に転校する。が、ラテン語の授業に馴染めず、自分の好きな本を読んだり放課後のサッカーにエネルギーを注ぐ。

一九二〇年（10～11歳）　両親がこのころ、毎週自宅に政治家や銀行家、それに学者や知識人達を招きパーティを開く。ピーター少年も大人のパーティにも顔を出すようになり基礎的な社交性を身につけるようになる。

一九二二年（13～14歳）　父親がザルツブルグ音楽祭の会長に就任。数年後に退官し、大手銀行の共同経営者となる。

一九二三年（13～14歳）　十四歳の誕生日前に社会主義者が支配するウィーン市民が毎年祝う「共和国のデモ行進」に参加する。この時期に経済紙のオーストリア・エコノミストを読み始まる。

一九二五年（15～16歳）　両親の行きつけのサロンにも出入りするようになり著名人などにも出会う機会を持つ。中には、ノーベル賞受賞者でもあるトーマス・マンなどにも会う機会をもった。

一九二七年（17～18歳）　夏にギムナジウムを卒業。医学部などの進学を望む父親の期待を裏切り、ドイツの北側にあるハンブルグ大学の法学部に入学。しかし、講義には一切出席せず図書館通いをしながら独自で大学の教養を身につける。デンマークの哲学者であるキルケゴールの書に接し感銘を受ける。一九四九年にはキルケゴールに関する論文を発表する。大学入試のために手掛けた『パナマ運河の世界貿易における役割』がドイツの経済季刊誌掲載される。ドラッカーの手掛けた書が、初めて活字になった瞬間である。有力紙であるオーストリア・エコノミストの編集会議一九二九年（18～20歳）　に招待を受ける。
ハンブルグから金融街のフランクフルトに転居しフランクルト大学の法学部に転入する。米系列の投資銀行の証券アナリストとして就職。米国式の証券投資理論などを学ぶ。「大恐慌」後の十月二四日に『暗黒の木曜日』について記事を書く。それがフランクフルト最大の部数を誇る地方夕刊に掲載される。ドラッカーにとって初の処女作となる。

一九三〇年（20～21歳）　一月から夕刊紙フランクフルター・ゲネラル・アンツァイガーに初出社する。裁判取材に記取を命じられるが、大失敗に終わる。新聞記者の洗礼を受ける。

一九三一年（21～22歳）　フランクフルト大学の助手を務めながら、国際法の博士号を取得。教授の代行でゼミナールも担当する機会も持った。この年に、フランクフルター・ゲネラル・アンツァイガーの副編集長の一人に抜擢され海外面や経済面の論説も手掛ける。

一九三二年（22～23歳）　夕刊紙の記者としてアドルフ・ヒットラーにインタビューする機会を得る。「ヒトラーは危険だ」という警告を出すが、誰も真剣に受け取り合ってくれない苦い経験をする。

一九三三年（23～24歳）　この年の一月にヒトラー率いるナチスが政権を取ったため、ドイツを脱出する計画をする。フランクフルト大学でも「ユダヤ人教員全員解雇」の通達が出されたため、四月にロンドンへ移住する。保険会社の証券アナリストの職を得て働く。ロンドンの地下鉄で後の妻となるフランクフルト大学時代のドリスに劇的に再会する。「神のおぼしめし」とも言える。

一九三四年（24～25歳）英マーチャンドバンク、フリードバーグ商会で三役（証券アナリスト&エコノミスト・リポーター、秘書）を務める。ジョン・メイナード・ケインズの講義をケンブリッジ共学で聴講する。イギリス初の日本絵画展に出くわし、日本文化に関心を持つ。

一九三九年（29～30歳）ニューヨーク近郊のサラ・ローレンス大学でパートタイム講師として就任。経済学と統計学を担当する。

一九四二年（32～33歳）バーモント州に移り、女子大のベニントン大学で専任の教授に就任し、政治、経済、歴史、宗教哲学などを教える。最も充実したアカデミック生活を送る。

一九四三年（33～34歳）米国籍取得。ゼネラル・モーターズ（GM）の副会長から、同社の経営方針や構造について調査する依頼を受ける。

一九四五年（35～36歳）第二次大戦が終わり、米陸軍省のコンサルタントの仕事を終える。

一九四七年（37～38歳）マーシャル・プランで欧州視察。

一九四九年（39～40歳）ニューヨークに引っ越し、ニューヨーク大学の教授として迎われマネジメントの科目を担当。

一九五三年（43～44歳）日本来日。ソニーの会長となる世界を目指していた盛田昭夫とニューヨークで会う。

一九五九年（49〜50歳）日本初来日。日本事務能率協会（現日本経営協会）の招きで箱根のセミナーにゲスト講師として招待を受ける。二週間の滞在期間中に、工場や企業も訪問し、日本通となる。翌年、家族とともに来日する。

一九六六年（56〜57歳）日本政府から勲章を授与。産業経営の近代化と日米友好親善への貢献度が認められる。

一九六九年（59〜60歳）「民営化」という言葉が生まれる。翌年、ドラッカーの書を読んだ英国サッチャー政権が「民営化」を実行する。

一九七一年（61〜62歳）カリフォルニアのクレアモント大学に移り、経営大学院代で教鞭を取る。

一九七三年（63〜64歳）『マネジメント』の大著を出版。

一九七九年（69〜70歳）日本画の講義をクレアモンモン大学ポナモ校で担当する。

一九八五年（75〜76歳）『イノベーションと企業家精神』を出版。

一九八六年（76〜77歳）日本の東京、大阪、名古屋で「水墨画名作展」を開く。

一九九三年（81〜82歳）国際外交季刊誌「フォーリン・アフェーアーズ」に『日本株式会社の終わりか？』を寄稿。

二〇〇一年（91〜92歳）『*The Essential Drucker*』出版。

二〇〇二年（92〜63歳）米国大統領より民間人に贈られる最高名誉勲章「自由のメダル」を授与
二〇〇四年（94〜95歳）『*The Daily Drucker*』を出版。

二〇〇五年（95〜96歳）日本経済新聞の『私の履歴書』を連載し『ドラッカー20世紀を生きて』

二〇〇六年（95歳）
を出版。
一一月一一日、クレアモント自宅で死去（一一月一九日には九六歳の誕生日を迎えることになっていた）。
（『私の履歴書』他を参照）

◆渋沢栄一の年譜

一八四〇（天保一一）年〔〇歳〕二月一三日（旧暦）に武蔵国榛沢郡血洗島村（現・埼玉県深谷市血洗島）に生まれる）

一八四五（弘化四）年〔5歳〕父市郎右衛門から三字教、蒙求、小学等を習う

一八四七（弘化四）年〔7歳〕従兄尾惇忠から『論語』、四書五経などを学ぶ

一八五一（嘉永六）年〔11歳〕剣術を習う

一八五六（安政三）年〔16歳〕父の代理で領主摂津守の岡部の陣屋で用金五〇〇両の命を受け、代官が横暴で栄一を侮辱する。理不尽な封建制度のある方に反感を持ち、打倒門閥制度改革に心が動く

一八六一（文久元）年〔21歳〕江戸に出て海保漁村の塾に入る。神田の千葉道場で剣術を習う

一八六三（文久三）年〔23歳〕兄の喜作をともに京都へ出奔

一八六四（元治元）年〔24歳〕二月　一橋家に出任する

一八六七（慶応三）年〔27歳〕一月に徳川慶喜の弟である徳川昭武に従いフランス渡航

一八六八（明治元）年［28歳］　フランスから帰国し静岡藩の勘定組頭に任命される
一八六九（明治二）年［29歳］　静岡藩に商法会所を創設し、頭取に就く
一八七〇（明治三）年［30歳］　官営富岡製糸場設置主任・後に頭取
一八七二（明治六）年［33歳］　大蔵省三等出任する
一八七三（明治六）年［33歳］　大蔵省を井上馨らと辞職する。第一国立銀行開業・総監役。抄紙会社（現・王子製紙）創立・後に取締役会長
一八七四（明治七）年［34歳］　東京会議所共有金取締役、養育院の事務を管理する
一八七五（明治八）年［35歳］　一一月に商法講習所の（後の一橋大学）設立に尽力する
一八七六（明治九）年［36歳］　東京会議所会頭。東京洋養育院、並びに東京瓦斯局の事務長
一八七八（明治一一）年［38歳］　三月　東京商法会議所会頭
一八七九（明治一二）年［39歳］　アメリカ大統領ユリシーズ・グラント夫妻歓迎会・東京接待委員長、福田会育児院会計監督（後に名誉会長）、東京海上保険会社成立（相談役、後に取締役）
一八八〇（明治一三）年［40歳］　博愛社（現・日本赤十字）創立・常議員
一八八一（明治一四）年［41歳］　東京大学文学部講師として「日本財政論」を一八八四年まで講義する
一八八三（明治一六）年［43歳］　一〇月　大阪紡績株式会社設立。共同運輸会社開業
一八八五（明治一八）年［45歳］　日本郵船会社設立（後に取締役）

一八八六（明治一九）年［46歳］東洋汽船会社設立。日本精糖会社創立・取締役、函館船舶会社設立

一八八七（明治二〇）年［47歳］帝国ホテル創立・発起人総代（後に取締役会長）。アメリカ人モールスと京仁鉄道譲渡契約を締結（後に京仁鉄道会社・取締役）

一八八八（明治二一）年［48歳］札幌麦酒会社創立・発起人総代（後に取締役会長）、東京女学館開校・会計監督（後に館長）

一八八九（明治二二）年［49歳］東京石川島造船所設立・委員（後に取締役会長）、北道炭礦鉄道会社設立

一八九〇（明治二三）年［50歳］貴族院議員（翌年一〇月に辞任する）

一九〇〇（明治三三）年［60歳］男爵授与（五月）

一九〇一（明治三四）年［70歳］日本女子大学開校・会計監督（後に校長）

一九〇二（明治三五）年［71歳］アメリカ渡米実業団団長として50名の実業人を引率しアメリカ訪問。英国、ベルギー、ドイツ、イタリア、フランスも外遊する。東京貯蓄銀行創立（取締役、後に取締役会長）

一九〇六（明治三九）年［66歳］六〜七月　韓国視察

一九〇七（明治四〇）年［67歳］帝国劇場会社創立・創立委員長（後に取締役）日清汽船会社創立・発起人（後に相談役）

一九〇八（明治四一）年［68歳］この年の前の一九〇八年に中央慈善協会を設立し会長となる、また、早稲田大学基金管理委員長となり、加えてアメリカ太平洋沿岸実業家一行を招待している。そして一九〇九年には、多くの企業・団体の役員を辞任。渡米実業団を組織し、団長としてアメリカを訪問する旅に出る。第27代目のタフツ大統領とも会見するという親米派実業家として知られるようになる

一九〇九（明治四二）年［69歳］渡米実業団代表として再度アメリカを訪問。東亜産業株式会社創立・委員

一九一二（大正元）年［72歳］日本鋼管会社創立・発起人。ニューヨーク日本協会創立・名誉会長

一九一三（大正二）年［73歳］日本実業協会会長。日本結核予防協会創立（後に会頭）、日米同志会創立・会長就任、日本実業協会創立・会長就任

一九一四（大正三）年［74歳］合資会社国際通信創立・相談役就任
日中経済界の提携のため中国を訪問

一九一五（大正四）年［75歳］渋沢同族会社創立。「家法」を改正
日本百科辞典会が創立され、協賛員となる。パナマ運河開通博覧会のため渡米。26代目セオドア・ルースベルト元大統領、並びに28代目のウッドロー・ウイルソン大統領と会見。翌年

一九一六（大正五）年［76歳］
一月に帰国
日米関係委員会が発足、常務委員。第一銀行の頭取などを辞め、実業界から引退。渋沢栄一述・梶山彬編『論語と算盤』（東亜堂書房）刊行。故郷の諏訪神社に拝殿、社務所を寄進

一九一七（大正六）年［77歳］
日米協会創立、名誉副会長に就任。理化学研究所創立、評議員・後に副総裁に就任。清水組（現建設）が喜寿のお祝いに晩香盧を寄贈東京風水救済会を組織・会長に就任

一九一八（大正七）年［78歳］
渋沢栄一「徳川慶喜公殿」刊行。米価暴騰のため東京臨時救済会を創立、会長就任

一九一九（大正八）年［79歳］
渋沢によって二松学舎が改組され、会長兼理事に就任

一九二〇（大正九）年［80歳］
国際連盟協会創立・会長に就任。日華実業協会会長就任。子爵に昇爵。竜門者が80歳の寿・昇爵の祝いに青渕文庫を寄贈（建設は清水組）

一九二一（大正一〇）年［81歳］
排日問題前後策を講じるため渡米。29代目ハーディング大統領と会見

一九二二（大正一一）年［82歳］
トーマス・エジソン翁第75回誕辰祝賀会を会長として挙行

一九二三（大正一二）年［83歳］
関東大地震で兜町の邸宅焼失。大震災善後会創立・副会長

一九二四（大正一三）年［84歳］
日仏会館開館・理事長。東京女子館・第5代館長就任

一九二五（大正一四）年［85歳］日本無線電信会社設立・設立委員長。松平定信の伝記編纂に着手（一九三七年刊行）

一九二六（昭和元）年［86歳］太平洋問題調査会設立。評議員・会長。社団法人日本放送協会設立・顧問。フランスからレジオン・ドヌール勲章を授与される

一九二七（昭和二）年［87歳］日米親善人形歓迎会を主催。日本国際児童親善会設立・会長就任。下田にハリス記念碑建立

一九二八（昭和三）年［88歳］日本航空輸送会社設立・創立委員長。全国実業家主催米寿祝賀会開催。勲一等旭日桐花大綬章を授与される。ラジオ演説が東京中央放送局から全国放送

一九二九（昭和四）年［89歳］中央盲人福祉協会設立・会長就任

一九三〇（昭和五）年［90歳］日本本経済連盟会名誉会員となる。海外植民学校顧問

一九三一（昭和六）年［91歳］日本女子大学校の校長に就任。八月に中華民国水災同情会会長十一月十一日に永眠

（渋沢栄一記念財団の小出いずみ氏編成の年譜、その他を参照）

参考文献

Aubrey, Robert & Cohen, Paul.M (1995) *Working Wisdom*, N.Y.: Jossey-Bass Inc.
Beatty, Jack. (1998) *The World According to Peter Drucker*, N.Y.: The Free Press.
Drucker, P. F. (1966) *The Effective Manager,* N.Y.: Harper & Row. (1993, Harper Business)
Drucker, P. F. (1969) *The Age of Discontinuity*, N.Y.: Harper & Row, Publishes.
Drucker, P. F. (1973) *Management: Tasks, Responsibilities, Practices*, N.Y.: Harper & Row.
Drucker, P. F. (1976) *The Man Who Invented Corporate Society*, Boston : Chancers Books.
Drucker, P. F. (1981) *Toward the New Economics & Other Essays*, N.Y.: Harper & Row,Publishers.
Drucker, P. F. (1982) "Warren Bennis interview" in *The Invention of Management in Directors* & Boards, Winter, Drucker, Frontiers.
Drucker, P. F. (1985) *Innovation and Entrepreneurship*, N.Y.: Harper & Row.
Drucker, P. F. (1986) *The Frontiers of Management*, N.Y.: E. P. Dutton.
Drucker, Peter. F. (1989) *Management for the Future* in Harvard Business Review, HBS.
Drucker, P. F. (1990) *Managing the Non-Profit Organization*, N.Y.: Harper-Collins.
Drucker, P. F. (1993) *New Society*. New Brunswick, NJ. : Transaction Publishers
Drucker, P. F. (1993) *The Practice of Management*, N. Y. Harper Collins.
Drucker, P. F. (1993) *Concept of the Cooperation*, N.Y.: Transaction Publishers. Drucker.
Drucker, P. F. (1994) *The Age of Discontinuity*, New Brunswick, NJ. : Transaction Publishers.
Drucker, P. F. (1994) *Adventures of a Bystander*, N.Y.: New Brunswick. Dracker,
Drucker, P. F. (1994) *The New Reality*, N.Y: Harper Business.
Drucker, P. F. (1994) *Adventures of a Bystander*, New Brunswick, NJ. : Transaction Publishers.
Drucker, P. F. (1996) *Landmarks of Tomorrow*, New Brunswick N. J, Transaction Publisher.
Drucker, P. F. (1996) F*rontiers of Management*, N. Y. :Harper & Row.
Drucker, P. F. (1999) Managing Oneself in Harvard Business Review, March-April.
Drucker, P. F. (1999) *Management Challenges for the 21st Century*, N.Y.: Harper Business.
Drucker, P. F. (2001) *The Essential Drucker*, N.Y.: Harper Business.
Drucker, P. F. (2008) *Classic Drucker*, Harvard Business Review Book, HBS.
Mitarai, Shoji (2019) *Lecture Notes on Drucker*, Hoover,William D. "Godai Tomoatsu" "From Xenophobe to Business Leader, Shibusawa Eiichi" (An unpublished Material at Sapporo University, Japan).

Obata, Kyugoro (1937) *An INTERPRETATION OF THE LIFE OF VISCOUNT SIBUSAWA, Daiyamond Jigyo Kabushiki Kaisha*, Bijyutsu Insatsusho

Toni Kennerlley, Planalytics, co.nz/journal/2020/8/31)
Wellbeing Public Policy, New Zealand IPPAMelbourne, July 20,2019 & New Zealand Government Report, The Wellbeing Budget 2020 Rebuilding Together, May 14, 2020)

●ドラッカー、ピーター F.『会社という概念』岩根忠 訳、東洋経済新報社、一九五〇年
●ドッラッカー、ピーター（久野桂・佐々木実智雄・上田惇生訳）『日本成功の代償』ダイヤモンド社、一九八一年
●ドラッカー、ピーター(牧野洋訳)『ドラッカー　20世紀を生きて―私の履歴書』日本経済新聞社、二〇〇五年
●フクシマ、グレン『ウーマノミクスの未来（On World Assembly for Women)』Forbes, December 二〇一四年、二一頁
●フーバー、ウイリアム、「渋沢栄一」明治一『変革を導いた人間力』日本放送協会、二〇〇五年 & “Godai Tomoatsu” “From Xenophobe to Business Leader, Shibusawa Eiichi)
●井上潤『渋沢史料館だよりNo.二六三』渋沢史料館、二〇〇五年
●井上忠勝『「企業における投資銀行家支配の成立～J.P.モルガン（1837～1913）を中心に」証券金融の特殊研究、千倉書房、一九六七年
●今井博昭『渋沢栄一』幻冬舎、二〇一〇年
●泉三郎『青年・渋沢栄一の欧州体験』祥伝社、二〇一一年
●見城悌治『日本の経済思想渋沢栄一』日本経済評論社、二〇〇八年
●小林弥生「渋沢栄一と読書」『渋沢史料館だよりNo.一九七』、青淵、第六〇六号、渋沢史料館、一九九九年九月所収
●小林薫『ドラッカーとの対話』徳間書店、二〇〇一年
●鹿島 茂『渋沢栄一・一算盤編』文藝春秋、二〇一一年
●木村昌人『渋沢栄一』中公新書、一九九一年
●御手洗昭治『ハーバード流交渉術＝世界基準の考え方・伝え方』総合法令出版、二〇一七年)
●御手洗昭治編著・小笠原はるの著『グローバル異文化交流史』明石書房、二〇一九年
●御手洗昭治『ドラッカーとシェイクスピア』産能能率大学出版、二〇一九年
●御手洗昭治『ドラッカーがいま、ビジネスパーソンに伝えたいこと』総合法令出版、二〇二〇年
●御手洗昭治『国際ネゴシエーション講義覚書』未発表資料、札幌大学、二〇二〇年
●中川 淳「みえなくなる人と人との関係」Microsoft News、二〇二〇年一一月二日）『働く大人のための学びの教科書』かんき出版、二〇一八年
●日本経済新聞社「日本画見たさに初来日」、『ドラッカー 20世紀を生きて 私の

履歴書』二〇〇五年）
●日本放送協会『NHKスペシャル明治Ⅰ・変革を導いた人間力』日本放送協会出版、二〇〇五年
●ライファ、ハワードとのインタビュー資料（バーバード経営大学院ライファ研究室、一九九二年九月三〇日）
●ライシャワー、エドウィン・O.（福島訳）『ザ・ジャパニーズ・トゥディ』文芸春秋、一九八九年
●ライシャワー、エドウィン・O.とのインタビュー資料（ベルモント・マサチューセッツ州のライシャワー邸、一九八九年八月二九日）
●ライシャワー、エドウィン・O.とのインタビュー資料（一九八九年一〇月一日）『ライシャワーと北海道』テレビ北海道開局記念特別番組、テレビ北海道TVh制作
●ライシャワー・松方・ハル『絹と武士』文藝春秋、一九八七年
●坂本慎一『渋沢栄一の経世済民思想』日本経済評論社、二〇〇二年
●渋沢青淵記念財団竜門社『渋沢栄一伝記資料』第一巻～三巻・三一巻、渋沢栄一伝記資料刊行会、一九五五年・五六年
●渋沢栄一『論語と算盤』東亜堂書房、一九一六年
●渋沢栄一記念財団『道徳経済一合説』渋沢栄一伝記資料」第四六巻、一九六二年
●渋沢栄一記念財団「道理」青淵百話）五、渋沢青淵記念財団編、一九六六～七一年、別巻第六、三～一四頁
●渋沢栄一記念財団「道理」青淵百話）五、渋沢青淵記念財団編、一九六六～七一年、別巻第六、三～一四頁
●渋沢栄一記念財団「商業の意義」『青淵百話』二五、渋沢青淵記念財団竜門社編、一九六六～七一頁、別巻六、五八～六〇頁、一九一二年
●渋沢研究会「公益の追求者　渋沢栄一」山川出版、一九九九年
●渋沢記念財団　東條正「明治期鉄道会社の経営紛争と株主の動向」『経営史学』十九巻第四号、一九八五年＆渋沢青淵記念財団編『渋沢栄一伝記資料』五八巻、一九五五～六五年
●渋沢栄一著・田井常彦監修『現代語訳　経営論語』ダイヤモンド社、二〇〇一年
●渋沢史料館『新札に登場した福沢翁の渋沢観』渋沢栄一史料館、No.二三、一九八四年／一二
●渋沢栄一『論語と算盤』角川学芸出版、二〇一五年
●渋沢栄一記念財団『渋沢栄一を知る辞典』東京堂出版、二〇一二年
●渋沢栄一『余聞』小学館、一九九八年
●島田昌和『原点で読む渋沢栄一のメッセージ』岩波現代全書、二〇一四年
●橘川武郎・島田昌和・田中一弘編著『渋沢栄一と人づくり』有斐閣、二〇一三年
●橘川武郎、パトリック・フリデン編『グローバル資本主義の中の渋沢栄一』東洋1.経済新報社、二〇一四年
●土屋喬雄『渋沢栄一』吉川弘文館、一九八八年
●山路愛山「『渋沢男と安田善次郎氏』山路愛山選集」青淵回願録

その他資料

- JAPAN NEWS. *Japan-U.K. Trade Pact Amis to Avoid Negative Impacts from Brexit*, Oct. 23. 2020)
- Johnston,Eric (Deputy Director of The JAPAN TIMES). An Interview with Eric Johnston on Geopolitics in the Asia Pacific and neighbouring Regions, on Oct.10,2020, Sapporo University)
- *Honda/Honda Jet*, https://www.honda.co.jp/jet

- （1）ギャッラプポール社・読売新聞社『日米共同世論調査』読売二〇二〇年十二月）
- 時事通信「「米・日・豪・印＋英仏」を提言＝産官学研究会」二〇二〇年十月二九日
- NHKBS「渋沢栄一パリ万博花の都の幕末外交決戦」二〇二一年二月二〇日
- 日本経済新聞「コロナと世界・危機後、中国『勝者』ならず、二〇二〇年五月二一日
- 日本経済新聞「日英FTA自由化で国際貿易相」二〇二〇年六月十一日
- 東洋経済デジタル「ジャック・マーが語る中国14億の未来」二〇二〇年九月三〇日
- 読売新聞「米中の対立先鋭化」二〇二〇年五月八日

第2章　ドラッカーの意外性
～渋沢から経営思想を学んだドラッカー～ 内の英文

(a) Eiichi Shibusawa's Confucian ideal of the "professional manager" in the early days of Modern Japan (Chapter 2) has become reality. And so has Shibusawa's basic insight that the essence of the manager is neither wealth nor rank, but responsibility. (Drucker (1974) Management: Tasks, Responsibilities, Practices, N.Y. Haper & Row p.6)

(b) What had to happen first was the rise of the large-scale organization.
This occurred simultaneously---around 1870—in two places. In North America the transcontinental railroad emerged as a managerial problem. On the continent of Europe, the "universal bank"---entrepreneurial in aim, national in scope, and with multiple headquarters—obsoleted traditional structures and concepts and required management.At roughly the same time, in Germany, George Siemens (1839—1901), in building the Deutsche Bank into the leading financial institution of continental Europe, first designed an effective top management, first thought the top-management tasks, and first tackled the basic problems of communications and information in the large organization.
In Japan, Eiichi Shibusawa (1840-1931), the Meiji statesman turned business leader, in the seventies and eighties first raised fundamental questions regarding the relationship between business enterprise and national purpose, and between business needs and individual ethics. He tackled management education systematically. Shibusawa envisioned the professional manager first. The rise of Japan in this century to economic leadership is largely founded on Shibusawa's thought and work. Management, P.23)

(c) So did his Japanese counterpart, Shibusawa Eiichi, statesman, Japan's premier banker, and founder of one of the earliest business schools, president Hitotsubashi University, The New Realities, p.82)

(d) Japan a hundred years ago was an underdeveloped country by every material measurement. But it very quickly produced management of great competence, indeed, of excellence. Within twenty-five years Meiji Japan had become a developed country, and indeed, in some aspects, such as literacy, the most highly developed of all countries. We realize today that it is Meiji Japan than the traditional models of the economist: eighteenth-century England or nineteenth-century Germany—which is the model of development for the underdeveloped world. (Management, p.35)

(e) Some earlier writers took a broader view. Eiichi Shibusawa in the Japan of early and mid-Meiji, that is, before 1900, and Walter Rathenau in Germany in the years before World War I wrote extensively on the relationship between business, especially large business, and the society around it. But even Shibusawa and Rathenau were mainly concerned with setting limits to business and with making business and businessmen fit themselves to social community values. (Management, p.314)

(f) if Iwasaki's entrepreneurship gave Japan the highest rate of monetary capital formation ever recorded. Shibusawa's stress on the human capital formation and of literary ever recorded. Shibusawa himself, for almost fifty years, acted as an unofficial and unpaid "management development center." He counseled and guided hundreds of young civil servants, businessmen, and executives. He was untiring in organizing training programs and management clubs, setting up all kinds of courses, seminars [and] discussion groups. And where Iwasaki left behind a large and highly profitable business concern, Sibusawa's monument is Hitotsubashi, Tokyo's famous economic university.

Yet the two men differed in their emphasis only. Isawaki could not have succeeded had he not known hot to find and develop large umbers of brilliant young men whom he famed into a worldwide management team of the highest esprit de corps and competence.

And Shibusawa's command post was the Dai-ichi Bank which he built into one of the major financial institutions of the country.

1. Of the two tasks, "contract growing" of money is actually old and familiar. To do the job the nineteenth century invented the venture banker. First conceived around 1820 by the French social philosopher Saint Simon, the venture banker's task is to mobilize and multiply the financial resources of society and to switch them from less to more productive investments, that is from yesterday to tomorrow. Where Rothschild's had been pure money lenders, Saint Simon' s banker was to become he developer of his economy. Instead of making his profits out of scarcity and need as the money lender does, the venture banker was to make profits out of growth and newly created productive capacity. (The Age of Discontinuity, p.126)

(g) The very names of Yataro Iwasaki (1834-1885) and Eiichi Shibusawa (1840-1931) are known outside of Japan only to a few specialists. Yet their achievements were a good deal more spectacular than those of Rothschild, Morgan, Krupp, or Rockefeller. Iwasaki founded and built the Mitsubishi group of industries—to this day the largest manufacturing complex in Japan and one of the world's largest and most successful business groups. Shibusawa founded and built more than 600 industrial companies during his ninety years of life which extended well into the twentieth century. (pp.123-124)

Both Iwasaki and Shibusawa worked for a strong and achieving, rather than for a rich, Japan. Both men knew that essence of development is not to make the poor wealthy; it is to make the poor productive. For this, one needs to make productive the fundamental resources. One needs to multiply talent and capital. (p.124)

Japan accomplished development of Iwasaki's way, that is, by attracting and mobilizing every penny of capital within the country. As a result, shortage of capital never impeded Japan's development, though she did not borrow abroad or depend on foreign investors. Japan also walked Shibusawa's way and attracted, trained, and mobilized every ounce of human energy. She put to work on growth opportunities all the talent a gifted people could muster. (p.125)

A well-known story about Shibusawa reports that he refused a loan for a badly needed sugar refinery because the company's promoter was not an educated man. The story usually told to illustrate Shibusawa's prejudices; and, indeed, the sugar refinery, financed by someone by somebody else, became eminently successful. But the story illustrates the priority Shibusawa's Japan, throughout the entire period, gave to the formation of human capital. (p.125)

If Iwasaki's entrepreneurship gave Japan the highest rate of monetary capital formation ever recorded. Shibusawa's stress on the human energy gave Japan, within thirty years, the highest rates of human capital formation and of literacy ever recorded.

himself for almost fifty years, and acted as an unofficial and unpaid "management development center." He counseled and guided hundreds of young civil servants, businessmen, and executive. He was untiring in organizing training programs and management clubs, setting up all kinds of courses, seminars, discussion groups. Where Iwasaki left behind a large and highly profitable business concern, Shibusawa's monument is Hitotsubashi, Tokyo's famous economic university. (p.125)

Yet, the two men differed in their emphasis only. Iwasaki could not have succeeded had he not known how to find and develop large number of brilliant young men whom he founded into a worldwide management team of the highest esprit de corps and competence. Shibusawa's command post was the Dai-Ichi Bank which he built into one of the major financial institutions of the country.

...Iwasaki in Japan a hundred years ago considered himself as good a patriot and indeed as great an idealist as Shibusawa. (pp.125-126)

Iwasaki, for instance, had been a samurai. But Shibusawa came from the peasantry.

And yet it was Shibusawa who, still quite young, was given one of the top positions in the new ruling group, the Ministry of Finance, only to leave of his own free will to become an entrepreneur.

Yet Japan at the same time built her new institutions on the basis of the old tribal concepts of mutual loyalty and of "belonging." All modern institutions of Japan—the government agency, the university, the business enterprise---no matter how modern and "Western" their methods and how efficient their output, are hans, i.e., extended tribal families based on lifelong, indissoluble, mutual loyalty. And the Confucian ethic, with its demand for mutual loyalty, governed both Iwasaki and Shibusawa. (p.133) (Drucker, The Age of Discontinuity, p.45, pp.123 & p.133-135)

(h) Eiichi Shibusawa's Confucian ideal of the "professional manager" in the early days of modern Japan has become reality. And so has Shibusawa's basic insight that the essence of the manager is neither wealth nor rank, but responsibility. (The Age of Discontinuity)

(i) What is the national interest ? be asked first. That it fails to do even that and instead is forced by the very logic of trade unionism to assert "What is good for labor is ipso facto good for the country," is probably largely responsible for the Japanese union's lack of political influence and public acceptance, despite the union's impressive numbers. And that, conversely, business management in Japan—or at least substantial minority among business leaders—has for a hundred years subscribed to the rule that the national interest comes first, that indeed the rule was first formulated by one of the earliest of modern Japanese banker, and business philosopher Eiichi Shibusawa (1840—1931) is, may explain why management is respectfully listened to whenever it discusses economic, and social policies, even by the two fifths of the Japanese population who faithfully vote every time for avowedly Marxist and stridently anti-business parties and candidates. (Drucker, 1981, Toward The Next Economics and others, N.Y.: Harper & Row Publishers, p.169 (i))
id, p.(j) 171)

(j) The third of the Japanese habits of effective behavior also originated with the banker-entrepreneur-business philosopher Eiichi Shibusawa, in a closing years of the nineteenth century: Leaders of major groups, including business, have a duty, so Shibusawa taught, to understand the views, behavior, assumptions, expectations, and values in turn known and understood. This is not "public relations" in the Western sense. It is rather, very "private" relations between individuals; relations made not by speeches, pronouncements, press releases, but by the continuous interaction of responsible men in policy-making positions. (p.171)

◆著者略歴

御手洗 昭治（みたらい しょうじ）

兵庫県生まれ。札幌大学英語学科・米国ポートランド州立大学卒業。オレゴン州立大学院博士課程修了（Ph.D.)。1981年、ハーバード大学・文部省研究プロジェクト客員研究員（1992 ～ 3年)。ハーバード・ロースクールにて交渉学上級講座＆ミディエーション講座修了。

エドウィン・O・ライシャワー博士（元駐日米国大使・ハーバード大学名誉教授）がハル夫人と来道の際、講演の公式通訳として北海道内を随行（1989年9月)。

日本交渉学会元会長、札幌大学名誉教授、北海道日米協会運副会長・専務理事兼任。

●主な近著
『ハーバード流交渉戦略』御手洗昭治編著（東洋経済新報社2013年)、『ケネディの言葉～名言に学ぶ指導者の条件～』御手洗昭治編著・小笠原はるの著（東洋経済新報社2014年)、『ライシャワーの名言に学ぶ異文化理解』（御手洗昭治編著・小笠原はるの著（ゆまに書房2016年)、『ハーバード流交渉術～世界基準の考え方・伝え方～』御手洗昭治著（総合法令出2017年)、『グローバル異文化交流史』御手洗昭治編著・小笠原はるの著（明石書店2019年)、『ドラッカーとシェイクスピア』御手洗昭治著（産能能率大学出版2019年)、『ドラッカーが、いまビジネスパーソンに伝えたいこと』御手洗昭治著（総合法令出版2020年)、『世界の「常識」図鑑』御手洗昭治編著・小笠原はるの著（総合法令出版2021年)。その他多数。

今、なぜ
ドラッカーと渋沢なのか？

著　者	御手洗 昭治
発行者	池田 雅行
発行所	株式会社 ごま書房新社 〒101-0031 東京都千代田区東神田1-5-5 マルキビル7階 TEL 03-3865-8641（代） FAX 03-3865-8643
カバーイラスト	（株）オセロ 大谷 治之
DTP	海谷 千加子
印刷・製本	精文堂印刷株式会社

ISBN978-4-341-08783-8 C0030